生活法律漫談
Law about Life

和國家打官司

—— 教戰手冊

買到輻射屋,可以請求國家賠償嗎?
被學校記過退學,如何救濟?
收到烏龍罰單,怎麼申訴?
打開這本書~
答案就在裡面喔!

王泓鑫　著

三民書局

國家圖書館出版品預行編目資料

和國家打官司:教戰手冊 / 王泓鑫著. －－初版一
刷. －－臺北市：三民，2005
  面；　公分. －－(生活法律漫談)

ISBN 957－14－4205－4　(平裝)

1.行政訴訟法

588.16　　　　　　　　　　　　　94000990

網路書店位址　http://www.sanmin.com.tw

ⓒ　和國家打官司
　　　　——教戰手冊

著作人　王泓鑫
發行人　劉振強
著作財　三民書局股份有限公司
產權人　臺北市復興北路386號
發行所　三民書局股份有限公司
　　　　地址／臺北市復興北路386號
　　　　電話／(02)25006600
　　　　郵撥／0009998－5
印刷所　三民書局股份有限公司
門市部　復北店／臺北市復興北路386號
　　　　重南店／臺北市重慶南路一段61號
初版一刷　2005年3月
編　　號　S 585370
基本定價　伍　元
行政院新聞局登記證局版臺業字第○二○○號

序 言

　　我記得幾年前，我以臺北縣汐止林肯大郡案所衍生的相關山坡地開發法制問題為題，撰寫我的碩士論文時，當時在論文的序裡，我寫著「……看著僅存的斷垣殘壁，災變當時一幅幅怵目驚心的景象又再度浮現腦海。我在想，這些罹難的人走得多麼不值得，如果說他們有錯的話，錯在太相信這個政府，是這個國家對不起他們。」

　　隨著時代的演進，國家的職能大幅擴張，大幅介入人民的生活領域，國家也在各種生活領域裡進行管制。如果管制得宜，當然皆大歡喜，民眾不會有所抱怨。但如果管制不足，例如，審查建築執照時，沒有切實審查，導致民眾買了偷工減料的房屋而受到損害。或者，管過頭了，例如，開錯罰單（烏龍罰單），侵害了民眾權益，這都會引起糾紛。而不論管制不足或者管過頭了，這都將衍生相關的法律責任。

　　國家與人民關係可以說是日益密切，民眾常常必須與國家「打交道」。也因此，民眾的權益常常會受到國家的侵犯。身為一個現代國家的公民，最大的潛在威脅，不是那些歹徒或壞人，而是你身處的這個國家！

　　從事法律研究及法律工作多年，常常有人向我訴說著公家機關的人在執行相關公權力的粗暴與無理（當然大部分的公務員是奉公執法、盡心盡力的），該怎麼辦？

　　我告訴他們，這是一個法治國家，你可以「和國家打官司」！

　　這本書裡除了說明「和國家打官司」的一般程序外，還蒐集了一般民眾生活中可能遇見的問題類型，例如，在學校被記過、退學了，如何向相關單位申訴？接到烏龍交通罰單或烏龍稅單，該怎麼辦？要向哪一個單位申訴？車子被民間拖吊場拖走，如果車子受損，可以請求國家賠償嗎等等有趣的問題。我使用相當淺顯易懂的文字說明如何處理，無非是希望一般讀者都能夠很容易的吸收與了解。

　　將臺灣打造成為一個法治的國家，需要你我共同努力與打拼。

王　泓　鑫

2005 年 1 月

和國家打官司
──教戰手冊

目 次

序 言

第1章 寫在前面

第3章 役男篇

第4章　公務員篇

第 5 章　參政篇

第8章　納稅篇

第 12 章　土地建築篇

第 13 章　結　語

圖　次

表　次

第 **1** 章

寫在前面

寫在前面

一、國家是必要之惡?

◎《聖經》的啟示

目前我們所使用的這套法律制度，事實上是源自於西方的基督教社會。西方法律制度的發展，與基督教社會有著相當密切關係。這裡，沒有辦法很詳細地說明清楚，不過大致上來說，在歐洲中古世紀開始，基督教會就扮演著對抗專制王權的主要力量，甚至形成了國王與教會分庭抗禮的局面。十八、九世紀民族國家形成後，教會甚至轉化為一般普羅大眾所要求的「宗教自由」，用來抗拒國家的干涉與侵害，終至於脫胎為當代憲政主義保障人權的一連串脈絡。

《聖經》裡曾有一段文字寫著:「在上有權柄的，人人當順服他，因為沒有權柄不是出於神的。凡掌權的都是神所命的。……」(《聖經·羅馬書》第十三章第一至七節參照)。而《聖經》中另有一個故事，則是說到，羅馬官員及猶太祭司一度禁止使徒彼得等人以耶穌的名義傳道，信徒們堅決予以拒絕，並說:「聽從你們，不聽從神，這在神面前合理不合理，你們自己酌量吧! 我們所看見所聽見的，不能不說。」(《聖經·使徒行傳》第四章第十九至二十節參照)。《聖經》中另一段文字則提到:「順從神，不順從人，是應當的。」(《聖經·使徒行傳》第五章第二十九節參照)。

聖經中的這些文字，所要說的，簡單來講，就是人類所創設

的所有制度（包含「國家」這種制度），都不能背離「神」的意旨。這雖然是基督教社會的教義，但卻有其普世價值，放諸四海而皆準。因為根據基督教神學的講法，由於人類的墮落，需要「國家」來遏制人類做壞事的傾向，防止人類犯罪，所以上帝允許人類立國。也就是說，國家只是一種工具，一種手段。如果，國家反過頭來利用其強制力箝制人民，侵害人民的權利，倒行逆施，人民是可以不服從這個國家的，人民也取得揭竿起義的正當性。

◎亞里斯多德

另外，亞里斯多德在他著名的《政治學》一書中，一開頭就提到：「……一切社會團體的建立，其目的總是為了完成某些善業……，既然一切社會團體都以善業為目的，那麼我們也可以說社會團體中最高而包含最廣的一種，它所要求的善業也一定是最高而最廣的：這種至高而廣含的社會團體就是所謂的『城邦』，即政治社團。」由此可見，國家的目的，在古希臘人看來，終究是為了成就善業，如果國家反過頭來侵害人民，就與國家的目的背道而馳了。

◎和「國家」打官司

以當代憲政主義的角度而論，國家的萬般施政，並非漫無限制，反而均受到來自憲法的拘束，國家的制度與國家的行為，都不能違背國家的憲法。如果國家的作為侵害了人民，該怎麼辦？當代的憲政國家於是設有法院，讓人民的權利在受到國家侵害時，

也可以和「國家」打官司，以便獲得補償、救濟、平反的機會。

◎國家是必要之惡？

從前面所提到的，可以知道「國家是一種必要之惡」，這真是政治學上一句至理名言，到現在看來也仍是真知灼見，絲毫沒有過時。時至今日，雖然大多數國家都已經脫離了專制政權的統治，而大多數民眾也都生活在所謂「民主」、「法治」國家。但即便是在今日的民主國家，國家的公權力及強制力仍然是無所不在的。國家公權力如果運用得宜，造福一般公民，當然很好。但是，如果國家的公權力運用不當，這種公權力的危害，恐怕是一個守法公民，生活在社會上，最嚴重的一種威脅，甚至比犯罪集團、暴力集團等更加可怕。

怎麼說？因為國家擁有一個區域之內最終的強制力。犯罪集團再壞，在逞兇之後，還有國家「合法的」警察加以緝捕、「合法的」法院加以審判。審判完畢後，國家可以「合法的」將「壞人」關在監獄裡面，將他與社會其他人隔離起來，甚至可以「合法的」將他槍斃，剝奪上帝賜給他的生命，讓他從此消失在社會上。

◎你不會遇到嗎？但願如此！

這聽來或許誇張，我們如果守法，不做壞事，根本就不會有這樣的下場，不是嗎？

這可不一定。你相信嗎？從小開始，每個人都受到來自於「國家」的潛在威脅。

　　記得念小學的時候，調皮搗蛋或考試不及格，學校老師打你屁股。但是，代表國家教育你的老師，可以打學生屁股嗎？（參見第 10 章）

　　念大學的時候，隔壁班的曉雯被二一退學了，怎麼辦？大炳跟同學打賭，願賭服輸，只好裸奔學校運動場一圈，竟被記二大過二小過，留校察看，怎麼辦？阿藤對於英文非常有興趣，也花了很多功夫讀英文，學期末成績竟然不及格，如何救濟？阿榮愛讀書，有一次在圖書館借書，逾期沒有歸還，被罰五塊錢，心有不甘，可以申訴嗎？師範學院的公費學生，不想去偏遠地區服務，就一定要賠公費嗎？教師甄試未獲錄取，可以提出訴訟嗎？（參見第 2 章）

　　男生要注意了，如果你還沒當過兵，體檢時，對於體位判定有疑義，或者不服氣，該怎麼救濟，因為這涉及到你是替代役體位或是常備兵體位？役男不可以參加某些國家考試，你知道嗎？役男在什麼情況下可以出國去玩？耶和華的見證人不用當兵嗎？（參見第 3 章）

　　你是公務員嗎？如果是的話，要特別注意以下的問題了。公務員如果遭到記大過或被免職，可以提出行政爭訟嗎？要如何提出呢？如果是教師的話，被記大過或免職，又該如何處理？年終考績不佳或被主管調派至偏遠地區，可以申訴嗎？如何申訴？長官要求你去做違法的事，可以拒絕嗎？（參見第 4 章）

　　你想擔任民意代表嗎？參選有什麼限制，你知道嗎？有某些前科的人是不能參選的？學生也不能參選，合理嗎？選舉對手作

票，可以對對手提出訴訟嗎？什麼叫「當選無效之訴」？什麼叫「選
舉無效之訴」？投開票完畢後，選務人員整理選票而包封選票錯誤，
將總統票錯放入公投票包封內，會造成當選票數不實而影響選舉
結果嗎？用「公投綁大選」、「製造假槍擊案」、「槍擊案後作不實
渲染」、「啟動國安機制」，算是以非法方法妨害他人競選或妨害有
選舉權之人行使投票權嗎？算是以詐術或其他非法方式，使投票
發生不正確結果的行為嗎？（參見第 5 章）

　　我們常在街上看見工讀生在發傳單，或者，在電話亭、電線
桿上看見各式各樣的小廣告，這種傳單及小廣告可以散發或隨意
貼嗎？你家的冷氣會滴水嗎？小心喔，可能會被開罰單！除此之
外，冷氣的聲響如果太大會不會被罰呢？污染環境，會被開單嗎？
環保單位又有什麼樣的證據呢？拿出來吧，不然，民眾也不能老
是當冤大頭！（參見第 6 章）

　　沒有繳清罰單，就不能換發行車執照嗎？你是不是曾經因為
罰單沒有繳清，到監理站換行車執照時，監理站要求你要先繳清
罰單才換行車執照給你，以這樣的方式逼迫你繳清罰單，這種規
定合理嗎？收到烏龍罰單，要怎樣申訴呢？你有理說但卻沒有地
方投訴嗎？警察臨檢，可以檢查什麼？可以檢查包包嗎？可以檢
查車子裡面嗎？可以檢查後車箱或行李箱嗎？甚至，警察可以到
你家裡去臨檢嗎？可以不讓他進來嗎？（參見第 7 章）

　　贈送親愛的家人財物，要繳稅嗎？如何才可以繳交少一點的
稅，或者不用繳稅？子女婚嫁時贈送汽車或房屋要繳稅嗎？繼承
長輩的農地，如何可以不用繳稅？稅被多課了，要怎樣討回來呢？

（參見第 8 章）

職災保險如何請領？怎樣才算是職業災害呢？上下班途中車禍受傷算是職業災害嗎？在公司茶水間滑倒，算是職災嗎？出差到外面受傷，算是職災嗎？勞保局不認為是職業災害，要如何救濟呢？繳不出健保費就不能看病嗎？如何認定「經濟困難」而不用繳交健保費？（參見第 9 章）

國賠！國賠！何其多？什麼情況可以申請國家賠償？紅綠燈號誌發生故障，民眾如因遵守該號誌而發生車禍，可否請求國家賠償？工程單位如埋設管線，將路邊挖洞，或排水溝蓋年久失修沒有蓋好，以致民眾摔跤跌到裡面，可否請求國家賠償？鐵路平交道故障，未放下柵欄，民眾通過，被火車撞到，可否請求國家賠償？消防栓沒有水，導致救火不及而房屋燒毀，可否請求國賠？路樹倒塌壓傷行人，可否請求國賠？電線桿倒下，壓到路人，可否請求國賠？市公所之電梯故障導致民眾受困五小時，可否請求國賠？施工中的捷運箱涵因施工設計不當，破裂導致河水倒灌，淹沒民眾財物，可否請求國賠？警察打人或開槍打錯人，可否請求國家賠償？林肯大郡倒塌案、東星大樓倒塌案是否可以請求國家賠償？主管機關沒有依據都市計畫開闢道路，導致地價下跌，地主可不可以請求國家賠償？業者在執行拖吊任務時，將汽車擋風玻璃打破，車主可否請求國家賠償？保管場不慎將車主之汽車弄丟，車主可否請求國家賠償？（參見第 10 章）

里長在什麼情形下可以「延選」？中央可以插手這種地方自治團體自己的選舉事務嗎？地方自治團體不服中央機關的決定，可

以提出行政爭訟嗎？執行全民健康保險法是誰的責任？中央或地方？誰來負擔健保費？中央或地方？合理嗎？（參見第 11 章）

　　政府要徵收土地，被徵收者可以拒絕嗎？撤銷土地徵收，返還補償金要加計利息嗎？撤銷徵收後，主管機關不發還土地，如何救濟？違章建築是什麼？違章建築拆除的法令規定依據？什麼樣的違章建築要拆？什麼樣的不用拆？不服縣政府的拆除處分，如何救濟？（參見第 12 章）

　　以上這些問題，都是現實生活中可能碰到的。你知道多少呢？沒關係，看完這本書，全部的問題都可以迎刃而解。和國家打官司，其實不難，只要你知道這其中的訣竅，要向國家討公道，你也可以辦得到。

二、行政處分——公文書簡介

◎什麼是「行政處分」?

　　如同前面所提到的，我們平常有太多機會和國家打交道。跟國家打交道，最主要的是透過各種文書的往返。不論是你寫給行政機關的，或是行政機關回覆你的，都要特別注意。行政機關往往透過這種「公文書」，不知不覺侵害了你的權益，你如果坐視不管，將它揉成一團，甚至丟到垃圾桶，不要以為這樣就沒事，請千萬記得把它撿回來，而且要把它攤平，仔細再看一看，看上面寫了什麼，否則，後果恐怕會不堪設想。

　　公文書，大概等同法律上所稱的「行政處分」，像是稅單、罰單等，只要是行政機關所作的，針對某一個特定的、具體的事件，作出發生法律效果的、單方的（不是雙方都同意的）表示行為（不一定就是書面，但大多數都是書面）。例如，稅單是稅捐單位所作的，針對某個人某年度的具體課稅事件，發生要補繳稅款的效果，且是單方面的行為，這就是一個典型的行政處分。

　　當然，公文書不是全部都是不好的，也有獲得好處的行政處分，例如學校發給畢業證書、監理站核發駕駛執照、行車執照等等，都算是公文書（行政處分）。

◎行政處分（公文書）的內容

打開一張公文書，大致上可以看到以下幾個基本內容： 1.發文單位； 2.發文日期； 3.發文字號； 4.受文者； 5.主旨； 6.說明； 7.教示條款。可以參考表 1–2–1 的公文書範例。

1.發文單位

很重要，這決定將來你要和哪個單位打官司。包括決定向哪個單位「訴願」，以及行政訴訟時，該列哪個單位為「被告」。

2.發文日期

就是行政單位發出這張公文書之日期。「發文日期」和實際上民眾收到公文書的日期不會一樣，通常收到的日期會比較晚，而法律上各種期間的起算，也都是以實際收到的日期起算，不是以「發文日期」起算。不過，一張公文書收到的時候，日子久了，我們常常會忘記到底是哪一天收到的，雖然信封上可能有郵戳日期，但很多人也常常順手就將信封丟掉，到時候就無從得知收到的日期。有一個方式可以避免這種情形，就是將「發文日期」，直接當成是實際收到的日期，鐵定不會超過救濟的時間，而影響權益（除非公文書打錯發文日期，不過，那是另一個問題）。

3.發文字號

是一張公文書（行政處分）的「身分證號碼」，很重要，這是用來辨別一張公文書的主要依據。因為同一個單位可能

每一天都會發出很多張公文書，同一個人也可能收到多張來自同一個行政機關的公文書，但每張公文書的發文字號一定會不一樣，就像同名同姓的人很多，但身分證號碼不會一樣（當然，除非是戶政機關擺烏龍的情況）。所以，以發文日期或受文者來區別，並無法「特定」一張公文書，最好的方式就是用「發文字號」來辨別一張公文書。通常，對於行政處分不服，而要尋求救濟的，無論訴願或行政訴訟，都要表明公文書的發文字號。

4.受文者

是公文書發給的對象。原則上要由受文者提出訴願或行政訴訟。在訴願的階段，受文者就是「訴願人」，而行政訴訟的階段，受文者就是「原告」。

5.主 旨

是表達行政機關為什麼要發這張公文書的意旨，通常記載這張公文書的主要目的。

6.說 明

是詳細記載這張公文書要作什麼的欄位，通常是一張公文書佔了最大篇幅的地方，大致上會寫為什麼要作出這張公文書的原因，例如，你違反了某個法規第幾條，要處罰，或者，依據你在某年某月某日的申請函，現在作成決定（准或不准），以及這麼決定的理由是什麼等。

7.教示條款

告訴你如果不服這張公文書的話，應該如何尋求救濟，

例如，如不服的話，應在幾天內向哪個機關提出訴願或異議
或申覆等。但一般公文書，通常不會載明。如果，公文書上
有教示條款的話，就要依據上面的方式尋求救濟。如果沒有
的話，就依據各種法規所規定之方式尋求救濟（一般而言，
是經由原處分機關向上級機關提出訴願，詳見本章三、的說
明）。如果沒有載明這種教示條款的話，依據行政程序法第九
十八條規定，雖然沒有在法定期間提出救濟，只要在一年內
提出救濟，都當成是在合法期間提出救濟。

表 1-2-1　　公文書範例

財政部臺灣省中區國稅局彰化縣分局　函

機關地址：彰化縣彰化市華山路 37 號 4 樓
傳　　真：（〇四）七二七四三四三

受文者：

速別：普通件
密等及解密條件：普通
發文日期：中華民國九十二年三月二十四日
發文字號：中區國稅彰縣二字第〇九二〇〇一一七六三號
附件：如說明二

主旨：台端對九十年度綜合所得稅補徵稅款一、六八〇元異議乙案，經查
　　　該筆補徵稅款係因台端代理「國立臺灣大學」之案件，所核課之執
　　　行業務所得，請　查照。

說明：
一、復　台端九十二年三月十一日申請書。
二、檢送九十年度執行業務收入未設帳電腦核定清單暨繳款書（繳納期限
　　展延至九十二年四月三日）各乙份，該筆所得若無錯誤，請於期間內
　　持向就近公庫繳納。
三、本案承辦人員：第二課陳玉琴，電話：（〇四）七二七四三二五轉三五
　　六。

正本：
副本：

三、行政爭訟程序概說

◎概　說

　　前面介紹完公文書的內容之後，接下來要談的，也是這本書最重要的部分，就是不服公文書的救濟方式（一般稱為「行政爭訟程序」）。

　　在收到一張公文書之後，如果對於公文書的內容不服的話，要怎麼辦？揉成一團，丟進垃圾桶？當然不是。這時候，原則上是在法定的期限內提出「訴願」，等到訴願決定下來之後，如果仍然不服的話，則提出「行政訴訟」。行政訴訟，依據我國目前法制分成兩級，也就是各地「高等行政法院」受理第一審之訴訟。等到高等行政法院判決下來後，如果仍然不服的話，還可以上訴到「最高行政法院」，這是第二審訴訟。如果還不服的話，針對判決書所適用的法律，可以依據個別之狀況聲請大法官解釋憲法，如果認定違憲，可以提出再審。

　　但是，如果是交通罰單、稅單等等，其他法律另外有規定的話，則是要另循其他的救濟程序。這其中有兩種狀況：

　　第一種，是提出訴願前，必須先經過一定程序之後，才可以提出訴願的（一般稱為「訴願前置程序」）。例如，稅單（核定稅額通知書），如果不服的話，應先向核課機關申請「復查」之後，才能再提出訴願以及行政訴訟，甚至聲請大法官釋憲（詳見後面

的說明)。

　　第二種，則是不循訴願以及行政訴訟程序，而是完全不同之程序，例如，交通罰單，如果不服的話，要向地方法院提出異議（詳見後面的說明）。程序上可以大致圖示如下：

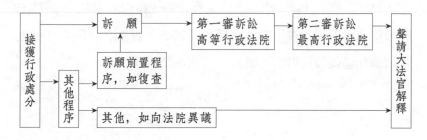

圖1-3-1　不服行政處分的救濟途徑

◎訴願前置程序

　　依據訴願法第一條規定，人民對於中央或地方機關的「行政處分」（大致上就是公文書的意思），認為違法或不當，且導致人民權益受損害，可以依法提出訴願。當然，如果法律另有規定，就依據另外的規定。

　　而這裡所說的另外的規定，就是指其他個別的法律所規定的程序，例如，各種內地稅捐的核課處分，如果不服，依據稅捐稽徵法，要先向原核課機關提出「復查」後，如仍不服才可以提出訴願。另外，像是關稅法、海關緝私條例的「聲明異議」、商標法的「異議」或「評定」等等。民眾必須先經過這些程序之後，才能提出「訴願」，以及「行政訴訟」。這些都算是訴願之前，依法

要先踐行的程序，如果沒有經過這些程序就提出訴願，會被認為
程序不合法而駁回。

以稅捐稽徵法的「復查」程序為例，依據稅捐稽徵法第三十
五條之規定，納稅義務人對於核定稅捐之處分如有不服，應依規
定的格式，敘明理由，連同證明文件申請「復查」。財政部網站上
關於綜合所得稅復查申請之簡易表格，如下表 1–3–1 所示（可至
財政部北區國稅局網站下載）。

表 1-3-1　綜合所得稅復查申請書（可至財政部北區國稅局網站下載）

本人對　　　　　年度綜合所得稅　□核定稅額不服，申請復查
　　　　　　　　　　　　　　　　□違章處分

復　　査　　項　　目	證　明　文　件
□利息所得　　　　　元　序號：	□借貸契約
理由：□借貸金額　　元　□收到利息　　元	□他項權利證明書
□設定標的業經拍賣：□分配金額不足 □未獲分配	□強制執行或參與分配聲請狀
□屬擔保性質，未借貸　□設定抵押後未發生借貸	□執行結果通知函及分配表
□其他	□其他相關證明文件
□租賃所得　　　　　元　序號：	
理由：□設算租金過高　□出租面積核定有誤	□租賃契約
□出租期間有誤　□未出租　□無償借用	□公證書及契約
□列舉必須損耗及費用　　　□其他	□水、電費收據
	□列舉必要費用憑證
	□相關證明文件
□財產交易所得　　　元　序號：	
理由：□按實際交易價格計算損益	□買進及賣出契約書（私契）
□其他	□收付價金流程之相關證明文件
	□其他相關費用證明文件
□非屬上述項目之不服事項及理由	□相關證明文件
□罰鍰	
理由：□未收到扣繳憑單	□相關證明文件
□其他	

檢附資料：□核定通知書 □本稅繳款書或收據影本 □違章繳款書或收據影本
　　　　　□委任書　□相關證明文件
　　此　致
財政部　　　　　　　　國稅局　　　　　　　　　分局　　　　稽徵所
　　　　　　　　申請人：　　　　　　　　　　　（簽章）
　　　　　　　　地　址：
　　　　　　　　聯絡電話：（日）　　　　　（夜）
　　　　　　　　代理人：　　　　　　　　　　　（簽章）
　　　　　　　　身分證統一編號：
　　　　　　　　地　址：
　　　　　　　　聯絡電話：（日）　　　　　（夜）

　　中　華　民　國　　　　年　　　　月　　　　日

一般而言，也可以使用通常的公文格式，範例如下：

表 1-3-2　稅捐案件的復查申請書範例

復查申請書

申　請　人：王小明　　　　　　住臺北市敦化南路××段××號
原 處 分 機 關：財政部×××國稅局
受理復查機關：財政部×××國稅局

為申請人九十三年度綜合所得稅案件，不服　鈞局於××年××月××日
（發文日期）之核定處分（93××字第××××號函），謹依法提出復查申
請事：
　　請求事項之聲明
請求撤銷　鈞局對申請人八十八年度綜合所得稅關於××部分之核課稅
額××××元。
　　事實及理由
一、（敘明不應該核課的理由，如果有證據的話，檢附證據的影印本，放
　　在申請書的後面）。
二、×××。
三、謹述事實理由如上，敬請　鈞局鑒察，撤銷核定處分，以維法制，並
　　保權益，不勝感禱。
　　此　致
財政部×××國稅局
　　　　　　　　　　　　　　　　申請人：×××（簽名蓋章）
中　華　民　國　　九十三　　年　××　月　××　日

至於要在什麼時間提出復查申請，有兩種情況：

第一種情況是「核定稅額通知書」上載有應納稅額或應補徵
稅額的，通常會有一張或數張「繳款書」，這時候應該在繳款書送
達後，在「繳款書」所記載之「繳納期間屆滿」翌日起算三十日
以內，申請復查。舉例說明，以表 1-3-3 的繳款書來看，標註的

地方，期限是到九十二年四月三日，所以，如有不服的話，最晚要該屆滿之日（就是四月三日）的隔一天（就是四月四日）起算，三十天之內提出復查。

表 1-3-3　核定稅額通知書範例

金融機構代號				財政部台灣省中區國稅局 90 年度綜合所得稅核定稅額繳款書已申報核定					存款人帳號		第二聯報核：本聯經公庫收款蓋章後，連同稅收日報表送稽徵機關以憑辦理劃解與銷號。
管理代號	縣市	稽徵單位	鄉鎮區市別	稅目別	細稅	年期別	資料號碼	檢查號	納稅義務人 國民身分證統一編號		
						年 期(月)	服務區 流水號				
N	55	02	15	N	90 01	08 05000559	48	5508000559			
納稅義務人	姓名					先生 女士	檔案編號	5508000559			
	地址										
							繳納期限屆滿之日				
繳納期間	自 92 年 3 月 6 日起至 92 年 3 月 15 日止因查對展延自 92 年 3 月 25 日起至 92 年 4 月 3 日止										
項目	本　稅	核定利息	行政救濟加計利息	合　計		繳納半數稅款 納稅人蓋章	核准延期人員 蓋　章				
	1,680	0	0	******1680							
繳納復查決定 應納稅額半數	本　稅										
由公庫計算	逾期　天 加徵滯納金	逾滯納期 加計利息		總（元）計		公庫收款及經收人員蓋章					

局長　　　　　　　經辦

　　第一種情形是核定稅額通知書上，無應納稅額或應補稅額的，應該在核定稅額通知書送達後三十日內，申請復查。也就是說，這種情況下，從收到核定稅額通知書後開始計算，三十天之內提出復查。

　　在提出復查申請後，原則上稅捐機關會在二個月內作出「復查決定」。通常有兩種結果，第一種是照申請人所申請的准許，另

一種則是「復查申請駁回」。如果是後者，申請人有所不服的話，可以在法定期間內提出訴願。

◎訴願程序

依據訴願法第一條的規定，人民在接獲行政處分之後，除了前面所提到的，個別法律有「訴願前置程序」的，或者另有其他救濟程序的以外，一般情形就是直接以訴願的方式尋求救濟。

(一)訴願由哪一個機關處理（受理）？

如果不服原處分機關作成的行政處分，應該向哪一個單位提出訴願？這不一定，並沒有一個統一的單位來受理訴願，而是要向作成行政處分的機關的上級機關來訴願。

所以，前面所說的，公文書上的「發文單位」就很重要。原則上，以公文書一開頭的「×××　函」，這「×××」就是原處分機關，以此來判定原處分機關。或者，公文書最後會有印信，用印信來判斷也可以。

而確定好作成行政處分的機關之後，再來判斷它的上級機關。然而，因為行政機關的組織層層疊疊，一般人很難判斷清楚，於是訴願法第四條就將常見的幾種情形作了清楚的規定：

如果是不服鄉（鎮、市）公所之行政處分的，就向縣（市）政府提起訴願。例如，不服永和市公所的行政處分的，就向臺北縣政府提出訴願。

若不服縣（市）政府所屬各級機關之行政處分的，也是向縣

（市）政府提起訴願。例如，不服臺北縣環保局的行政處分，就向臺北縣政府提出訴願。

如果是不服縣（市）政府之行政處分的，向中央主管部、會、行、處、局、署提起訴願。

不服直轄市政府所屬各級機關之行政處分的，向直轄市政府提起訴願。

如果不服直轄市政府之行政處分的，就向中央主管部、會、行、處、局、署提起訴願。例如，不服高雄市政府之行政處分的，則視業務領域向中央所屬之單位訴願。

如果不服中央各部、會、行、處、局、署所屬機關之行政處分的，就向各部、會、行、處、局、署提起訴願。例如，不服交通部公路局的行政處分的就向交通部提出訴願。

如不服中央各部、會、行、處、局、署之行政處分的，就向主管院提起訴願。例如，不服交通部之行政處分，就向行政院提出訴願。

如果不服中央各院之行政處分的，因為各院上面並沒有再高層級的單位，就只能向原院提起訴願。例如，不服行政院的行政處分，還是向行政院提出訴願。

㈡要向哪一個單位遞件？

訴願書要向哪一個機關提出？直接向受理訴願的上級機關或是原來之處分機關？其實，都可以。

依據訴願法第五十八條，最標準的方式是經由原處分機關向

受理訴願機關提出訴願，也就是向原處分機關遞件。這除了可以讓原處分機關重新再思考一下自己原本所作的行政處分是不是毫無問題，而有所反省的機會之外，對於一般民眾來說，也是有好處的。因為，這樣一來，縱使將受理訴願的機關弄錯（很容易弄錯），只要向原來的處分機關遞件，原處分機關會自動送給應該受理訴願之機關，不用擔心判斷錯了。

即便是民眾送錯了單位，不是向原來的處分機關遞件，也不是向受理訴願之機關遞件，依據訴願法第六十一條的規定，就當成是在送錯的單位收件當日已經送到了受理訴願的機關。

㈢什麼時間內提出？

依據訴願法第十四條的規定，民眾應該在行政處分（公文書）送達的次日起三十天之內提出。

㈣訴願書要寫些什麼內容？

提出訴願書要表明的內容應包括：

1. 個人資料。（包括姓名、身分證字號、出生年月日、住、居所。如果是公司行號的話，要寫公司行號的名稱、事務所或營業所及負責人之姓名、出生年月日、住、居所）
2. 原行政處分機關。（就是發文的單位）
3. 訴願請求事項。（通常是原處分撤銷）
4. 訴願之事實及理由。
5. 收受或知悉行政處分之年、月、日。

6.受理訴願之機關。

7.證據。（其為文書的話，應添具繕本或影本）

8.書寫之日期。

訴願書之書寫範例如下：

表 1-3-4　訴願書範例

訴　　願　　書
訴　　願　　人：王小明　　　　　　　住臺北市敦化南路××段××號 原 處 分 機 關：××× 原 處 分 字 號：××年××月××日××字第××號 受理訴願機關：××× 　　為訴願人×××事件，不服×××（某行政機關）××年××月×× 日××字第××號行政處分，爰依法提起訴願事： 　　訴願聲明 一、原處分撤銷。 二、程序費用由原處分機關負擔。 　　事實及理由 一、×××（說明原處分不對或違法的事實及理由，如果有證據的話，檢 　　附證據的影印本，放在訴願書的後面）。 二、×××。 三、謹述事實理由如上，敬請　貴會鑒察，撤銷原處分，以維法制，並保 　　權益，不勝感禱。 　　此　致 ×××訴願審議委員會 　　　　　　　　　　　　　　　　　　訴願人：王小明（簽名蓋章） 中　華　民　國　××　年　××　月　××　日

　　提出訴願之後，訴願審議委員會將作成訴願決定，如表 1-3-5 所示。訴願決定通常有兩種結果，一種是「訴願駁回」，另一種是「原處分撤銷，由原處分機關另為適法之處分」。訴願決定書的「主

文」欄會載明結果。事實欄及理由欄則記載案件的事實及理由。最後則有「教示條款」，記載如不服訴願決定的話，應該在訴願決定送達後二個月內向管轄之高等行政法院提出行政訴訟。

表 1-3-5　訴願決定書範例

交通部訴願決定書	案號：08900136 交訴九十字第二二五八九號

訴願人：　　　　　　　　　　　　　　住：

代理人：　　　　　　　　　　　　　　住：同上

上訴願人因申請換發機車行車執照事件，不服本部公路局臺中區監理所彰化監理站八十九年十月三日所為退件處分，向本部提起訴願，茲依法決定如下：

　　主　文

訴願駁回。

　　事　實

緣訴願人以郵政劃撥儲金方式，劃撥金額新臺幣七百七十五元，就其具所有權之牌照號碼 VNU-2 ××號輕型機車，向本部公路局臺中區監理所彰化監理站（以下稱原處分機關）辦理通信換發行車執照……（餘略）。

　　　　　　　　　　　　　　　委員　陳鈗雄

　　　　　　　　　　　　　　　委員　洪以遜

　　　　　　　　　　　　　　　委員　程全生

　　　　　　　　　　　　　　　委員　蔡明華

　　　　　　　　　　　　　　　委員　林銀河

中　華　民　國　九十　年　七　月　九　日

　　　　　　　　　　部長　葉菊蘭

如不服本訴願決定，得於收受決定書送達之次日起二個月內向臺中高等行政法院（臺中市五權南路九十九號）提起行政訴訟。

◎行政訴訟程序

㈠高等行政法院第一審程序

依據行政訴訟法第四條規定，人民因為中央或地方機關之行政處分，認為侵害其權益，經過依法提出訴願而不服訴願決定，或者提出訴願超過三個月不為決定或延長訴願決定期間超過二個月仍不為決定的話，訴願人可以向管轄的高等行政法院提出「撤銷訴訟」。

至於提出撤銷訴訟之時間，依據行政訴訟法第一百零六條規定，應該在訴願決定送達之後二個月內提出，如同前面所看到的訴願決定書最後所寫的。

而提出行政訴訟必須以書面為之，並直接向管轄之高等行政法院遞件，而不是向原處分機關遞件，也不是向訴願決定機關遞件，必須特別注意。

起訴狀要寫些什麼？依據行政訴訟法第一百零五條，包括三個部分。

第一個部分要載明『當事人』。當事人指的是訴訟的兩造以及法院。例如，王小明對於臺北縣政府的行政處分不服，經過提出訴願後，對於訴願決定還是不服，王小明就應該將臺北縣政府列為「被告」，王小明自己則是「原告」。管轄的高等行政法院是「臺北高等行政法院」。這三者都要表明，才算合法，並且要在法定的時間內向臺北高等行政法院遞件。

　　第二個部分是「起訴之聲明」。就是要求法院作出怎樣的判決，在撤銷訴訟主要應該是要求法院將原來的行政處分以及訴願決定都撤銷掉，而且因這個訴訟所產生的費用也要由被告行政機關來負擔。一般而言，起訴狀上會寫「一、訴願決定及原處分均撤銷。二、訴訟費用由被告負擔」。

　　第三個部分則要表明「訴訟標的及事實理由」。「訴訟標的」指的是要求法院撤銷原來的行政處分的法令依據是什麼，例如，某筆交易依據某種稅法的某一條規定，不應該課徵。那麼，「訴訟標的」就是指該稅法的某條項規定。而「事實理由」就是要說明整個案件的發生情形以及原來的處分有什麼違法不對的地方，將這些都寫出來。

　　舉例如下：

表 1-3-6　　行政訴訟起訴狀範例

起　訴　狀

原　告：王小明　　　　　　　　　住臺北市中山北路一段一號
被　告：臺北縣政府　　　　　　　設臺北縣板橋市×××路××號
代表人：林錫耀　　　　　　　　　住同上

為不服×××（某單位）××年××月××日××字××號訴願決定，依
法起訴事：
　　　訴之聲明
一、訴願決定及原處分均撤銷。
二、訴訟費用由被告負擔。
　　　事實及理由
一、緣××年度補稅處分，其中關於××之稅款依據××法，毋庸課稅。
二、××××。
三、綜上所述，請　鈞院鑒核，賜判決如訴之聲明，以維權益，實感法便。
　　　謹　狀
臺北高等行政法院　公鑑
證物一：×××影本乙份。
證物二：×××影本乙份。

　　　　　　　　　　　　　　　　具狀人：王小明（簽名蓋章）
中　華　民　國　××　年　××　月　××　日

　　因行政訴訟第一審原則上是採用「言詞審理制」，就像一般法
院的審理程序一樣，必須開庭審理。因此，在起訴之後，法院將
會定期審理。通常，審理的程序會開兩次庭。第一次為「準備程
序」，由一位「受命法官」負責整理案情，看是否有需要調查其他
新的證據，如果有的話，會視情況再開準備程序，來調查這些證
據（通常不會有證據要調查）。如果沒有要調查其他新的證據，第
二次開庭，就會進入「言詞辯論程序」，由三位法官組成合議庭來
審理。之後，定期宣判，作成裁判書。

　　高等行政法院的裁判通常有兩種結果。第一種是「原告之訴駁回。訴訟費用由原告負擔」，表示民眾敗訴。第二種是「訴願決定及原處分均撤銷。訴訟費用由被告負擔」，恭喜，表示民眾勝訴了。（參見表 1-3-7 高等行政法院判決書）

　　敗訴之一方如果不服高等行政法院的判決書的話，可以在法定期間內向最高行政法院提出上訴。如判決書最後所寫的。

表 1-3-7　　高等行政法院判決書

臺中高等行政法院判決　　　　　　九十年度訴字第一三八六號
　　　　　　　　　　　　　　　　九十一年二月二十七日辯論終結
　　原　　　告　×××
　　訴訟代理人　王泓鑫
　　被　　　告　交通部公路局臺中區監理所彰化監理站
　　　　　　　　　設彰化縣花壇鄉南口村中山路二段四五七號
　　代　表　人　張萬得　　住彰化縣花壇鄉南口村中山路二段四五七號
　　訴訟代理人　蔡文達　　住同上
上當事人間因有關交通事務事件，原告不服交通部中華民國九十年七月九日交訴九十字第二二五八九號訴願決定，提起行政訴訟。本院判決如下：
　　主　　文
原處分及訴願決定均撤銷。
訴訟費用由被告負擔。
　　事　　實
壹、事實概要：原告於民國八十九年九月四日以郵政劃撥方式，劃撥金額新臺幣（下同）……（餘略）……狀況，以確保汽車行駛品質進而維護人民生命、身體、財產法益；而罰鍰不繳納所涉及者為行政秩序罰之執行問題，故換發汽車行車執照，與汽車所有人違規罰鍰未清繳，欠缺實質上之關聯，故二者不得相互聯結，前開道路交通安全規則第八條有關罰鍰繳清後始得發給行車執照之規定，亦有悖「不當聯結禁止」原則（參照最高行政法院九十年判字第一七○四號判決）。是被告要求車主（原告）申請換照前先結清該車違規案件，乃基於管理之需要云云，即非可採。
二、本件原告雖有違反道路交通管理事件之罰鍰尚未繳納，惟依前開說明，原告為行車執照換發之申請時，被告原不得以其未繳納罰鍰為由

予以駁回，乃被告竟以此為由駁回其申請，即有未合，又原告先位之聲明請求被告應於原告繳納規費後就原告所有之牌照號碼VNU－267機車發給原告行車執照云云，因行車執照之發給除繳納規費外，尚涉及汽、機車狀況以確保汽機車行駛品質之行政機關裁量，並非繳交規費即應發給，故原告先位之聲明尚非可取。從而本件原告備位之聲明為有理由，爰將訴願決定及原處分均撤銷，由被告本於本判決意旨另為妥適之處分，以昭折服。又本件事證已臻明確，兩造所為其他陳述，與結論不生影響，爰不予一一論述，併此敘明。

據上論結，本件原告之訴為有理由，依行政訴訟法第二百十八條、第一百九十五條第一項前段、第九十八條第三項前段、民事訴訟法第三百八十五條第一項前段，判決如主文。

中　華　民　國　九十一　年　三　月　七　日

臺中高等行政法院第三庭

審判長法　官　王茂修

法　官　許金釵

法　官　莊金昌

上正本證明與原本無異。

如不服本判決，應於判決送達後二十日內向本院提出上訴書狀，其未表明上訴理由者，應於提起上訴後二十日內向本院提出上訴理由書（須依對造人數附具繕本）；如於本判決宣示或公告後送達前提起上訴者，應於判決送達後二十日內補提上訴理由書（須附繕本）。未表明上訴理由者，逕以裁定駁回。

提起上訴應預繳送達用雙掛號郵票拾份（每份三十四元）。

中　華　民　國　九十一　年　三　月　七　日

法院書記官　蔡宗融

㈡最高行政法院第二審程序

依據行政訴訟法第二百三十八條及第二百四十四條之規定，不服高等行政法院之判決的，應該在判決書送達之後二十天之內上訴。

上訴要向哪個單位遞件？依據行政訴訟法第二百四十四條的

規定，應該向原判決之高等行政法院提出。

　　行政訴訟第二審由於是法律審，且是書面審理，原則上並不會開庭，因此，上訴狀內應表明四個部分。

　　第一是「當事人」。如果是民眾這一方敗訴的話，就列民眾這一方為「上訴人」，行政機關就是「被上訴人」。

　　第二是「不服原判決而上訴之陳述」。通常是在上訴狀一開頭的時候，載明是「因不服××高等行政法院××年度訴字第××號之判決，依法提出上訴」等字，表明不服之判決字號。

　　第三是「原判決應如何廢棄或改判的聲明」。指的就是一般所稱的「上訴聲明」，通常會寫「原判決廢棄。訴願決定及原處分均撤銷。訴訟費用由被上訴人負擔」。表示要求上訴審法院改判之內容，因為原來的判決駁回上訴人之訴，所以第二審還是同樣表明訴願決定以及原處分都撤銷。

　　第四是「上訴理由」。由於上訴最高行政法院的部分是所謂「法律審」，所以上訴人應該就原審判決有何「違背法令」之處，並「具體」表示。有兩個重點，就是要強調出判決有「違背法令」的地方，並且要具體的指出來。不可以只空泛的指摘，否則將會被裁定駁回。而且無論理由如何一定要寫出上訴理由，否則也會被裁定駁回。

　　上訴狀的書寫舉例如下：

表 1-3-8　行政訴訟上訴狀範例

上　訴　狀

上　訴　人：王小明　　　　　　　　住臺北市中山北路一段一號
（即原告）
被上訴人：臺北縣政府　　　　　　　設臺北縣板橋市××路××號
（即被告）
代　表　人：林錫耀　　　　　　　　住同上

為不服××高等行政法院××年度訴字第××號判決，依法上訴事：
　　上訴聲明
一、原判決廢棄。
二、訴願決定及原處分均撤銷。
三、訴訟費用由被上訴人負擔。
　　事實及理由
一、原判決關於「×××」的部分有×××（如何違背法令）之違背法令
㈠原審判決謂：「×××」（原審判決第××頁第××行下）。
㈡但是依據×××的規定，××××。原審判決上開判決理由竟然認定×
　×××，實有違背×××的違背法令。
二、×××
三、綜上所述，請　鈞院鑒核，賜判決如上訴聲明，以維權益，實感法便。
　　謹　狀
××高等行政法院　轉呈
最高行政法院　公鑑
　　　　　　　　　　　　　　　具狀人：王小明（簽名蓋章）
中　　華　　民　　國　××　年　××　月　××　日

　　由於法令並無辦案時效的限制，因此，上訴最高行政法院之後，多久會作出判決並不一定，民眾只能耐心等待。在最高行政法院判決下來之前，也可以隨時補具上訴理由。

　　等到最高行政法院判決下來，有三種結果。第一種是「上訴駁回」，表示敗訴確定。第二種是「原判決廢棄。訴願決定及原處

分均撤銷。訴訟費用由被上訴人負擔」，表示勝訴確定。第三種是「原判決廢棄。發回××高等行政法院」。表示還有事證需要調查，因此要由高等行政法院再為調查才判決。如果對於發回後高等行政法院的判決有所不服，還是一樣可以上訴最高行政法院。

如果是敗訴確定的話，還有沒有其他的救濟方式？因為最高行政法院已經是通常程序中的最後一個審級，如果仍有不服，還有一種救濟方式，就是在最高行政法院所適用的法令有違憲的情形時，此時可以聲請大法官釋憲。如果大法官認定最高行政法院所適用之法令有違憲的情形，可以依據大法官的解釋聲請再審（詳下述）。

◎聲請大法官解釋

憲法是國家的根本大法，無論是立法院制定的法律或是行政機關的行政命令，都不能違反憲法。而職司違憲審查的大法官，便是憲法的守護者，對於判決適用的法律或命令，有違反憲法的情形的話，將會宣告法律或命令違憲，不能予以適用。則民眾更可以據以要求更審，權益才能獲得保障。

(一)聲請大法官解釋的條件

如何聲請大法官解釋呢？聲請解釋的條件是什麼呢？

依據大法官審理案件法的規定，民眾聲請解釋憲法，必須是憲法上所保障的權利，遭受不法侵害，依法定程序提出訴訟，對於確定的終局判決所適用的法律或命令，發現有牴觸憲法的疑義

的話,才可以提出(大法官審理案件法第五條第一項第二款參照)。

詳細來說,必須是憲法上所保障的權利遭受侵害。什麼是憲法上保障之權利,原則上指的是憲法第七條到第二十二條所規定的權利,例如平等權、人身自由權、居住遷徙權、表現自由權、秘密通訊權、集會結社權、生存權、工作權、財產權、訴訟權、參政權、應考試服公職權等。

另外,還要是依法定程序提出訴訟,獲得終局的判決。也就是要用盡通常的訴訟程序,例如提出行政訴訟,必須要打到最高行政法院,獲得最高行政法院之確定判決,才能接著提出大法官解釋之聲請。

而且,聲請解釋憲法的理由必須是確定的終局判決所適用的法律或命令有牴觸憲法之疑義。也就是說,確定判決所適用的某個法律條文或命令,有違反憲法並導致人民憲法上的權利受侵害,要用這個理由去聲請解釋才可以。

(二)聲請書的撰寫

聲請書的撰寫是有一定格式的。必須要敘明聲請解釋憲法的目的、疑義的性質及經過以及涉及之憲法條文、聲請解釋憲法的理由及聲請人對本案所持的立場與見解。如果有相關之文書資料,也要一併附上。

舉例如下:

表 1-3-9　釋憲聲請書範例

聲　請　書

聲請人：王小明　　　　　　　　　　住臺北市中山北路一段一號
　　　　　　　　　　　　　　　　　電話：02-12345678

　　為請求宣告「特種考試法務部調查局調查人員考試規則」第三條第二項之規定牴觸憲法而無效，茲依大法官審理案件法第五條第一項第二款及第八條第一項之規定，聲請解釋憲法，並將有關事項敘明如下：

一、聲請解釋憲法之目的：

　　特種考試法務部調查局調查人員考試規則第三條第二項之規定牴觸憲法第七條、第十八條及第二十三條，侵害聲請人受憲法保障之平等權及考試權等權利，請求大法官將其宣告為無效，並據以提起行政訴訟之再審之訴，以維聲請人之權利。

二、疑義之性質與經過及涉及之憲法條文：

(一)憲法所保障之權利遭受不法侵害之事實及涉及條文：

1.聲請人於八十七年就讀研究所期間，利用課餘之際，努力讀書準備國家考試，以利服役之後擔任公職（蓋服役時並無時間唸書，且若於服役後再報考，則因荒廢學業已久，想考取較為不易）。遂於八十七年八月七日報考八十七年度特種考試法務部調查局調查人員考試，於八月十七日遭考選部以「未服兵役」為由駁回，不准報考（見附件一：八七選特字第〇九二〇號函）。聲請人不服，提起訴願及再訴願，均遭駁回（見附件二：八七選訴自八〇四號訴願決定書、附件三：八八考臺訴字第〇〇六號再訴願決定書）。聲請人於八十八年一月十八日提起行政訴訟，行政法院亦適用系爭違憲條文，認為考選部依據該條文規定駁回聲請人之報考申請，及訴願、再訴願決定均「於法並無不合」，而判決聲請人敗訴（見附件四：行政法院八十九年度判字第五九二號判決）。聲請人認為考選部及行政法院適用系爭規定使聲請人無法報考，已經嚴重侵害聲請人受憲法保障之平等權及考試權。

2.本案涉及之憲法條文為第七條、第十八條及第二十三條。

(二)本案所經之訴訟程序：

　　本案經八十七年十月六日訴願駁回（見附件二）、八十八年一月十五日再訴願駁回（見附件三）及八十九年三月三日行政訴訟駁回（見附件四）。

(三)確定終局判決所適用之法令名稱及內容：

　　特種考試法務部調查局調查人員考試規則第三條第二項：「本考試之男性應考人須服畢兵役或現正服役中，法定役期尚未屆滿者」。

(四)有關機關處理本案之主要文件及說明：

1. 八七選特字第○九九二○號函。
2. 八七選訴自八○四號訴願決定書。
3. 八八考臺訴字第○○六號再訴願決定書。
4. 行政法院八十九年度判字第五九二號判決。

三、聲請解釋憲法之理由及聲請人對本案所持之見解及立場：

(一)對於確定終局裁判所適用之命令，發現有牴觸憲法之疑義：

　　行政法院八十九年度判字第五九二號乃本案之確定終局判決，判決認為依系爭考試規則第三條第二項之規定，考選部不准聲請人報考，予以退件，洵無違誤。然系爭規定依聲請人之見，確實牴觸憲法，理由詳可見(二)。

(二)聲請人對於前項疑義所持之見解：

　　聲請人認為系爭條文違反憲法第七條、第十八條及第二十三條之規定，侵害聲請人之平等權及考試權，理由如下：

　（其餘略）

(三)解決疑義必須解釋憲法之理由：

　　本案經訴願、再訴願及行政訴訟，聲請人在歷次程序中均主張系爭條文違反憲法，然考選部、考試院及行政法院均認為不違憲，而依相關規定憲法爭議之解決只有司法院大法官有解釋權，因此聲請人不得不向作為憲法守護者之司法院大法官請求解釋，將系爭條文宣告為違憲，以維聲請人之權利。

　　此　致
司法院大法官

　　　　　　　　　　　　　　　　聲請人：王小明（簽名蓋章）

中　　華　　民　　國　　××　年　　××　月　　××　日

(三)什麼時間向什麼單位遞件

　　聲請大法官解釋應向司法院遞件（第八條）。至於聲請之法定期間，依據大法官審理案件法並無規定。不過，為了自身的權益，仍應儘速聲請為妥。

 **參考法條**

訴願法第四條、第十四條、第五十八條、第六十一條、行政訴訟法第一百零五條、第一百零六條、第二百三十八條、第二百四十四條、司法院大法官審理案件法第五條、第八條、稅捐稽徵法第三十五條

第 **2** 章

學校篇

一、「由你玩四年」——曉雯退學記

上了大學後，原本在高中時還名列前茅，順利考上大學的曉雯，變得貪玩起來，三天兩頭蹺課，與朋友鬼混。雖然曉雯就讀的大學，傳統上是上課不點名，但畢竟還是要考試。曉雯大一就被當掉好幾科，到了大二，課業更重，竟然在大二下學期就被二一退學了。走在校園的湖邊，夕陽依舊美好，只是……。曉雯該怎麼辦呢？

◎學校以二分之一學分不及格將學生退學，可以嗎？

㈠退學規定的法律依據

二一退學的法律依據在哪裡？依據之前的大學法，並無退學的規定。大學將學生退學所依據之法令，是規定在教育部發布之「大學法施行細則」第二十九條。依據該條規定：「大學學生保留入學資格、轉學、轉系（組）所、休學、退學、成績考核、暑期修課、校際選課、出國有關學籍處理及其他有關事項，各大學應列入學則，報請教育部備查。」而各大學就依據上面的規定，在自己學校的學則裡面規定，什麼樣的情況下可以將學生退學。

這樣的狀況，有學者認為是違反「法律保留原則」的。因為，既然大學法根本沒有規定大學可以將學生退學，那麼大學在「學則」中自行規定二分之一學分不及格就退學，就有違反法律保留原則的嫌疑。

法律加油站

> 原則上，國家如果要限制人民之權利，或處罰人民，應有法律規定或經由法律明確授權之行政命令才可以，此稱為「法律保留原則」。

㈡高等行政法院的看法

臺北高等行政法院先前在著名的「世新大學二一退學案」（八十九年度訴字第一三八八號判決）中就曾採用這樣的看法：

「依據大學法以及學位授予法的規定，大學生只要能在修業年限或實習年限期滿後考核成績及格就可以，並沒有應該在哪一個學期修滿多少學分的限制，更沒有哪個學期應該有多少學分修習及格的限制。

但是，世新大學在它的學則第二十九條中卻規定『學生學習成績不及格科目之學分數，達該學期修習學分總數二分之一者，應勒令退學』，也就是說，倘若學生學習成績不及格科目的學分數，達到該學期修習學分總數的二分之一，而經校方勒令退學的話，那個學生就因為無法繼續就學而無法取得學士學位。世新大學以學生學習成績不及格科目的學分數，達到該學期修習學分總數二分之一的，就勒令退學，剝奪該學生的學生身分，而這個處分足以剝奪學生身分並且損及其學習權及受教育權，也就是對於人民憲法上學習權及受教育權的基本權利有重要的影響。所以，依憲

法層次之法律保留原則及中央法規標準法第五條的規定，關於這種涉及人民權利的重要事項應該用法律來規定。

但是大學法及學位授予法不但沒有規定，大學生學習成績不及格科目的學分數達到該學期修習學分總數二分之一的話，就應該予以退學，更沒有授權主管機關或各大學可以增訂退學處分，世新大學受教育主管機關的委託，行使錄取學生、確定學籍、獎懲學生、核發畢業證書或學位證書等公權力，自行訂定學則第二十九條，以學生學習成績不及格科目的學分數，達到該學期修習學分總數二分之一，作為剝奪大學生的學生身分的理由，顯然違反法律保留原則及中央法規標準法第五條的規定，則世新大學依該學則對學生所作的退學處分，屬於違法的行政處分。」

也就是說，大學法或學位授予法都沒有退學之規定，大學在沒有任何法律規定下自己規定將學生退學，違反法律保留原則。因此，退學之處分違法無效。

㈢最高行政法院的看法

雖然臺北高等行政法院對於世新大學「二一退學案」作出校方敗訴之判決，獲得大多數人一致鼓掌叫好，認為法院作出了保障人權的判決。但是，這一個攸關大學自治的「二一退學案」，經過世新大學上訴後，最高行政法院在九十一年三月二十九日作出判決，將原審判決廢棄，改判校方勝訴。最高行政法院九十一年判字第四六七號最主要的判決理由是：

「憲法第十一條關於講學自由的規定，是對於學術自由的『制

度性保障」，就大學教育而言，應該包含研究自由、教學自由及學習自由等事項。大學法第一條第二項規定：『大學應受學術自由之保障，並在法律規定範圍內，享有自治權。』其自治權之範圍，應包含直接涉及研究與教學之學術重要事項，這已經有司法院釋字第三八〇號解釋可以參考。

法律加油站

「制度性保障」，指的是透過憲法規範，某些特定的制度受到憲法保障，而憲法規範對於這些特定制度的保護是以禁止立法者立法除去這些特定的制度目的之方式來達成保障，例如婚姻制度、私有財產權、大學自治等。

所以，大學自治的事項，就是學術自由的事項，包含研究自由、教學自由及學習自由等事項，除法律另有明文規定外，應該由大學本身自由決定，在這個自由決定的自治範圍內，並沒有『法律保留原則』的適用。也就是說，大學自治是憲法保障學術自由所應建制的範圍，大學因而有自治權，不用法律的授權。

雖然大學法第一條第二項規定：『大學應受學術自由之保障，並在法律規定範圍內，享有自治權』，但這是在指明自治權的行使，不得與法律的規定相違背，不能解釋為必須經過法律授權，才有自治範圍。而且教學自由的範疇，例如課程設計、科目訂定、講授內容、學力評定、考試規則等，都在保障之列，這都是大學自治的事項，影響學生權益的，所在多有，但都屬於教學自由本質

上的需求所生的當然結果，基於保障教學自由的本旨，仍然應該
由大學自治，不能反而以學生有受教育權或學習權存在，認為在
這個範圍內有法律保留原則的適用，這反而會導致喪失憲法對於
大學自治這種制度性保障之規範價值。

　　大學學生入學就讀，應維持如何的成績標準，應有如何的學
習成果，涉及大學對學生學習能力的評價，以及學術水準的維護，
與大學之研究及教學有直接關係，影響大學之學術發展與經營特
性，屬於大學自治之範圍，既無法律另設規定，則大學自為規定，
例如規定：『學生學期學業成績不及格科目之學分數，達該學期修
習學分總數二分之一者，應令退學』，沒有什麼不可以。……」

　　簡單地說，最高行政法院認為，大學學生入學就讀，應維持
如何成績標準，涉及學術水準的維護，屬「大學自治」之範圍，
雖然法律並無規定二一退學制度，但大學規定「二一退學制」，並
沒有違憲、違法，因此廢棄原臺北高等行政法院校方敗訴判決，
改判世新大學勝訴確定。

㈣修正後大學法的規定

　　不過，為了杜絕這樣的爭議，依據新修止通過之大學法第二
十五條之一第二項規定：「大學學生保留入學資格、轉學、轉系（組）
所、休學、退學、成績考核、學分抵免、暑期修課、服兵役與出
國之學籍處理、雙重學籍及其他與學籍有關事項，由各大學依相
關法令之規定，納入學則規範，並送教育部備查。」已明確規定關
於得將大學生退學之情形委由各大學自行在學則中加以規定，應

已符合法律保留原則之規定，所以，大學二一退學之制度現在應無違法。

㈤什麼狀況下會被退學

大學學則規定勒令退學之情形不一而足，以臺大學則規定學生應予退學之情形為例，有下列幾種：

1. 修業年限屆滿經依規定延長年限仍未修足主系應修之科目與學分的。

2. 休學逾期未復學的。

3. 入學或轉學資格經審核不合的。

4. 同時在國內其他大學院校註冊入學的。

5. 操行成績不及格的。（以上參見學則第四十八條）

6. 學生學期學業成績不及格科目之學分數，達該學期修習學分總數二分之一者，應令退學（就是二一退學）。（參見學則第二十七條）

7. 學生於考試時如有作弊行為，一經查出，除該科該次成績以零分計算外，並視情節輕重，分別予以記過勒令退學或開除學籍的處分。（參見學則第三十二條）

由上面的規定可以知道，大學為了學術的目的，可以評量學生的成績或操行等表現，如認為有不適合繼續就讀的情況，是可以把學生退學的，同學們還是不要心存僥倖，要好好用功，以免被退學。

◎大學生被退學，要如何救濟？

　　行政法院以前的見解都認為基於「特別權力關係」，學生被退學根本是不能提起行政爭訟的。行政法院就有判例認為：「學校與官署不同，學生與學校之關係，亦與人民與官署之關係有別，學校師長對於違反校規之學生予以轉學處分，如有不當情形，亦祇能向該管監督機關請求糾正，不能按照訴願程序，提起訴願。」(最高行政法院四十一年度判字第六號判例參照)

法律加油站

「特別權力關係」是指國家基於某種特殊因素，對於特定群體內的個人（通常是公務員、軍人、學生、受刑人等）可以任意限制他們的權利，而不必有法律的授權或規定，與一般國家和人民的關係不同。

　　但是，在民國八十四年六月二十三日公布的大法官第三八二號解釋則宣告行政法院之上開判決違憲，不予適用，而認為學生於用盡學校內部之救濟途徑後，仍可向教育部訴願，並提起行政訴訟。該解釋認為：「各級學校依有關學籍規則或懲處規定，對學生所為退學或類此之處分行為，足以改變其學生身分並損及其受教育之機會，自屬對人民憲法上受教育之權利有重大影響，此種處分行為應為訴願法及行政訴訟法上之行政處分。受處分之學生於用盡校內申訴途徑，未獲救濟者，自得依法提起訴願及行政訴

訟。行政法院四十一年判字第六號判例，與上開意旨不符部分，應不予援用，以符憲法保障人民受教育之權利及訴訟權之意旨。」

也就是說，學生如果遭到退學，在經過學校內部的申訴程序仍無法得到救濟時，可以提起訴願及行政訴訟。

而學生如接到退學處分時，該如何救濟？

以臺大為例，依據國立臺灣大學學生申訴評議辦法第三條第一項規定：「學生對於學生獎懲委員會、學生事務仲裁委員會或教務處之處分，認有違反法令、校規或不當致損害其權益者，得依本辦法提起申訴。」第四條規定：「本辦法所稱處分，謂學生獎懲委員會之獎懲裁定、學生事務仲裁委員會之仲裁處理或教務處有關退學或開除學籍之決定。」因此，本案中，曉雯如果接獲退學處分，是可以向學生申訴評議委員會提出申訴的。而提出申訴的期間，必須是自處分到達之次日起三十日之內提起之，逾期即不受理（第五條第一項參照）。而申訴得以書面或口頭提出。但以口頭提出者應於五日內補提書面，未提出者視為撤回（第六條參照）。而申評會應於受理申訴事件後，於五十日內作成評議決定書。但於評議決定前，受退學或開除學籍處分之申訴人得繼續在校肄業（第十二條參照）。

申訴評議委員會之評議決定，如果是駁回申訴人之申訴者，申訴人可以在收到評議決定之次日起三十日內向教育部提起訴願（訴願法第十四條）。如果訴願遭駁回，在收到訴願決定之次日起二個月內，得以大學為被告，向臺北高等行政法院提起行政訴訟。

以上之救濟流程可以簡單製圖如下：

| 接獲退學處分 | 三十天內（視各校學則規定） | → | 向學校申評會提出申訴 | 申訴決議不服三十天內 | → | 向教育部提出訴願 |

| 接獲訴願決定，不服二個月內 | → | 向高等行政法院提起行政訴訟 | 接獲判決書，不服二十天內 | → | 向最高行政法院上訴 |

圖 2-1-1　不服退學處分的救濟流程

參考法條

　大學法第二十五條之一

二、裸奔無罪——學生遭「留校察看」處分，可以向法院尋求救濟嗎？

　　大炳為某大學學生，因歐洲杯足球賽與同學打賭，願賭服輸，只得裸奔操場一周。校方聞訊，祭出二大過二小過之處罰，大炳於是遭留校察看，大炳可以向法院提起行政訴訟嗎？

　　阿藤大一時對於英文課特別有興趣，讀起來也特別認真，但期末考時竟不及格，在用盡校內救濟途徑後，可以提起行政訴訟嗎？

　　家衛原本已經大學畢業，因本性上進，於是又到某大學進修學分班就讀，家衛向進修學分班以之前讀大學時曾修習之某科目學分為由而申請抵免，某大學竟以不符該校抵免學分及選課辦法等相關規定，故不准抵免。家衛在用盡校內救濟途徑後，可否到法院提起行政訴訟？

　　大亮就讀某大學，因時常蹺課，遭課堂老師之多次點名，致受曠課處分，大亮認為老師點名之方式錯誤，致使該科目成績為不及格，在尋求校內救濟途徑未果後，可否提起行政訴訟？

　　阿榮因向圖書館借閱書籍，應於九十三年一月十日歸還，惟阿榮逾期一日於九十三年一月十一日始歸還，遭學校圖書館處以滯還金新臺幣五元，阿榮可以提起行政訴訟請求返還該新臺幣五元嗎？

◎學生因教育事務所受之行政處分，可以向法院提起行政訴訟之標準何在？

　　依據大法官民國八十四年公布之釋字第三八二號解釋提到：

「各級學校依有關學籍規則或懲處規定，對學生所為退學或類此之處分行為，足以改變其學生身分並損及其受教育之機會，自屬對人民憲法上受教育之權利有重大影響，此種處分行為應為訴願法及行政訴訟法上之行政處分。受處分之學生於用盡校內申訴途徑，未獲救濟者，自得依法提起訴願及行政訴訟。……」

　　也就是說，學生對於校方因教育事務所作成之決定（行政處分），並不是每一種「處分」，都可以到法院去提起行政訴訟，而是要看情況的。依據前面講的大法官解釋文意旨，判斷的標準在學生所受的「行政處分」是否嚴重到改變其學生之身分或損及到受教育之機會。

　　如果學生所受到之行政處分達到改變其學生之身分或損及其受教育之機會時，例如遭到退學處分，此時，學生是可以在用盡校內救濟途徑後，可以提起訴願，並可向學校所在地之高等行政法院提起行政訴訟（如前述曉雯的例子）。如果沒有嚴重到這種程度，依法律規定是不能向法院提起行政訴訟的，而只能尋求校內之救濟管道（例如向申訴評議委員會提出申訴）。

　　後來經過法院之闡述，有下面四個原則必須注意（高雄高等行政法院九十一年度訴字第八八號判決參照）：

　　1.以下原則不論對公立學校或私立學校均一體適用。

　　2.所謂退學或類此處分，不問原因事實源於學業或操行皆包含在內，其中退學處分乃使學生喪失其身分，即其受教權利即受侵害，自得提起行政爭訟。至於留校察看、記過等處分，則不在得爭訟之列，蓋未達改變學生身分程度。

3.需先用盡校內申訴途徑，且在申訴終了前，宜先停止原處分之執行，一旦提起訴願或行政訴訟，則執行原退學處分並不受影響。

4.受理爭訟事件之教育主管機關或行政法院應盡量尊重學校之裁量或判斷。

◎學生遭到留校察看處分，可以到法院提起行政訴訟嗎？

依據題示，大炳因裸奔事件在學校遭二大過二小過處罰，並遭校方留校察看。但因大炳目前仍就讀於該學校，並無喪失學籍等情事，其學生之身分並未改變，也沒有「受教權」遭損害之情形。也就是說，如學生所受處分是為維持學校秩序、實現教育目的所必要，且未侵害其受教育權利的（例如記過、申誡等處分），除循學校內部申訴途徑謀求救濟外，並沒有提起行政爭訟之餘地（高雄高等行政法院九十一年度訴字第八八號判決參照）。

◎某一科目學期成績不及格，可以提起行政訴訟嗎？

阿藤雖然對於英文課特別有興趣，但或許讀書的方法不對，或者其他因素，導致期末考試不及格。但是，某一科目不及格，並不會導致阿藤直接喪失學生之身分，阿藤還是可以在下學期繼續努力，考個好成績，在修業年限內將學分修完，並不會影響其學生之身分或損及其受教育之機會。所以，只能尋求校內救濟途徑，無法提起行政爭訟（最高行政法院八十九年度裁字第一一三

一號裁定參照）。

◎申請抵免學分遭拒，可否提起行政訴訟?

題示，家衛就讀大學學分班前，已經取得某大學之學士學位，於是向學分班提出抵免學分，以免重複修習，但有幾個科目遭到學分班不准扣抵。家衛向教育部提出訴願，亦遭程序駁回。行政法院認為，教育部以學校不准抵免數個科目之學分，並未改變其學生身分，亦未損及其受教育之機會，與退學或類此處分尚屬有間，依前開司法院大法官釋字第三八二號解釋見解，對該不准抵免學分之決定，自不得提起行政訴訟，於是從程序上為訴願不受理之決定，尚無不合，而不准家衛提出行政訴訟（臺北高等行政法院九十二年度訴字第三六九二號裁定參照）。

◎不服曠課處分，可否提出行政救濟?

題示，大亮因時常蹺課，遭課堂老師以蹺課多次為由評分為不及格。大亮於是提起行政訴訟。行政法院認為大亮是對於因遭認定曠課致某科目學期成績不及格，而非受到退學或類此之處分，既未達改變大亮之學生身分的程度，其受教育之權利則未受侵害，依大法官解釋第三八二號之說明，自不得提起行政訴訟，於是駁回大亮所提起之訴訟（臺北高等行政法院九十一年度訴字第三二八號裁定）。

◎被圖書館罰錢，可以提起行政訴訟嗎？

阿榮因向圖書館借書遲延一天歸還，遭圖書館罰錢五元，向學校提出申訴後，提起訴願及行政訴訟均遭駁回。行政法院認為，學校圖書館根據圖書館管理規則關於借書逾期處以滯還金之規定處罰阿榮，經阿榮向學生申訴評議委員會提出申訴後提起訴願，經申訴評議及訴願決定認為，學校圖書館管理規則係經該校行政會議修訂通過並公告施行之管理規範，而該校依該規則處以阿榮滯還金，並不足以改變阿榮之學生身分，亦未損及其受教育之機會，與退學或類此之處分並不相同，不可以依訴願程序請求救濟，於是從程序上駁回其訴願，與前述法令規定，並無不合，阿榮又提出行政訴訟，並不合法，而駁回阿榮之訴訟。而阿榮提出之撤銷訴訟，既因不合法而遭駁回，其合併請求學校應歸還罰鍰新臺幣五元之部分，即無從合併請求，法院也予以駁回（高雄高等行政法院九十二年度簡字第二三六號裁定參照）。

**參考法條**

司法院大法官釋字第三八二號解釋

三、公費生分發邊疆地區

　　阿良從小立志要當老師，高中畢業後順利考取某師範院校特殊教育系公費生。入學時，與校方簽訂師資培育公費生自願書，約定在學期間領取公費，並於畢業取得教師證書後，接受分發至偏遠或特殊地區或師資不足類科學校服務，如有違背之處，願受校規及有關規定之處分，並負償還公費之責任。但阿良在畢業之後，第一年在偏遠地區服務，因為覺得交通不便，第二年就轉到市區學校服務，該師範院校得知此消息後，要求阿良賠償公費，有理嗎？

◎學校要求公費生賠償公費，有法律上的依據嗎？

　　依據師資培育法第十一條第二項及第三項規定：「公費生以就讀師資不足類科之學系或畢業後自願至偏遠或特殊地區學校服務學生為原則。師資培育自費、公費及助學金實施辦法，由教育部定之。」（最近一次修正後為第十三條）

　　而教育部根據前面的規定，制定了「師資培育自費、公費及助學金實施辦法」。其中第十三條第一項及第二項則分別規定：「公費生取得教師證書後，其最低服務年限以在校受領公費之年數為準。但有重大疾病或事故者，得辦理展緩服務。未依規定年限連續服務期滿者，應一次償還其未服務年數之公費。未服務年數不滿一年者，以一年計。」

　　而為了規範服務未滿年限之公費生償還公費等事宜，又制定

了「師資培育機構公費生償還公費實施要點」，其中第一點及第二點第六款規定：「為辦理師資培育機構公費生依師資培育自費、公費及助學金實施辦法之規定償還公費事宜，特訂定本要點。」「本要點適用對象係指師資培育法公布後取得公費生資格，具有左列情形之一者：……六、於義務服務年限內，轉任非師資不足類科學校或至偏遠或特殊地區以外之學校服務者。」

也就是說，依據現行法令公費生有義務在偏遠地區或特殊地區之學校服務，而服務之最低年限則為就學期間領取公費之年限。如果，服務年限未達到最低年限，則應賠償公費。

◎法令要求公費生至邊疆地區服務，公平嗎？

一般而言，偏遠地區如山區或離島，因為地處偏遠，大多數學生畢業後都不會選擇這些地方作為任職的場所，這也連帶使得偏遠地區的學生，往往面臨師資缺乏的窘境，學校沒有老師去教導學生，也使得學生無法受到完整的教育，更加深城鄉差距。

而享有師資培育公費待遇之學生，以就讀師資類科不足之學系或畢業後至偏遠或特殊地區學校服務，是國家對師資不足科系或偏遠地區培養師資的方法，它的目的是對於偏遠或特殊地區或師資不足科系提供完整師資，保障人民憲法上受國民教育權與平等權。又國家以公費平衡偏遠地區教育資源之差距，乃國家憲法義務之履行（憲法第一百六十三條）。因此教育部規定，公費生應至偏遠地區等地方服務，公費生服務未達年限者，則應賠償公費，並無不公平之處（最高行政法院九十三年度判字第五二九號參照）。

參考法條

　　師資培育法第十三條、師資培育自費、公費及助學金實施辦法、師資培育機構公費生償還公費實施要點

四、教師甄試未錄取，可以提出行政訴訟嗎？

阿珍剛從師範大學畢業，並實習完畢，滿懷信心參加了某縣所舉辦之國中聯合教師甄選。甄選成績公布後，竟然落榜。阿珍於是向甄選委員會提出異議，發現甄選委員會竟採用未經明列於甄選簡章之 T 分數計分方式，選擇性用於口試、試教兩部分。阿珍認為甄試程序違法不公，阿珍可否提出行政救濟？如果可以，該向何單位提出如何之行政救濟？甄選之方式是否合法？

◎應試者是否可以提出行政救濟？

教師甄選通常有兩種結果，一種為錄取，另一種為不錄取（或候補）。後面的情形（不錄取或候補），一般認為是可以提出行政救濟的。因為，錄取與否通常都有書面通知之公文或是成績單正式告知是否錄取，無論是公文或是以成績單直接註明錄取與否，這都是行政機關所做成之「行政處分」，如有不服，都可以依法提出行政救濟。

◎應試者應向何機關提出行政救濟？其程序為何？

阿珍在榜示之後（或接獲函知不予錄取之後），如未獲錄取，可以依據教師甄選簡章之規定，於一定期間之內（視簡章規定），向教師甄選介聘會提出異議。

對於教師介聘會針對提出異議者所為之決定，如仍然不服，

依法應提出訴願。較容易出現問題的是，要向哪一個機關提出訴願？

　　此時應該向「縣市政府」提出訴願，最高行政法院亦同此見解（最高行政法院九十年度判字第二一三〇號判決參照）。理由是教師甄選介聘會是由某縣市內之數個學校，依據「高級中等以下學校教師評審委員會設置辦法第二條第二項」之規定，聯合數校組成，而甄選結果，乃全體學校所做成之行政處分。則因此「原處分機關」是「學校」，並非「教師評議委員會」，也不是「教師甄選委員會」。因此，依據訴願法第四條第二款規定，受行政處分之人應向縣市政府提起訴願。

　　接獲訴願決定後，如仍不服者，則應向原處分機關之所在地高等行政法院，以原處分機關為被告，提出行政訴訟，如仍不服，還可以再上訴最高行政法院。

　　相關的程序圖示如下：

圖 2-4-1　甄試未獲錄取的救濟流程

◎應試者如提起行政訴訟，應以何機關為被告機關？

　　依據教師法以及「高級中等以下學校教師評審委員會設置辦法」等相關規定，學校教師之新聘，是各學校之權限，而教師新

聘或其相關之行政處分，是由學校所作成。

　　至於教師新聘之審查事務，是由教師評審委員會負責審查，為求教師新聘工作之客觀、公平，以利確實拔擢優秀教師，教師評審委員會通常會成立「甄選委員會」辦理，也就是一般所稱的「教師甄試」。而「甄選委員會」可由單一學校成立，亦可由某縣市之內的數個學校聯合組成。

　　而「教師評議委員會」只是學校內部之單位，並不是獨立的機關，沒有獨立以自己名義作成行政處分的權限，有關教師評議委員會的決議有作成行政處分必要時，應以學校的名義為之；前述的「甄選委員會」也不是獨立的機關，而是學校內部的單位，其所為甄選行為欲發生行政處分的效力，亦應以學校名義為之，縱使甄選委員會以自己名義對外表示其決定，亦應認是「學校」之決定。如甄選委員會是由單一學校所組成，其作成之甄選結果，乃單一學校作成之行政處分，如甄選委員會為多數學校聯合組成，其作成之甄選結果，則應認是某縣市內之數個學校所共同作成之行政處分（最高行政法院九十年度判字第二一三〇號判決參照）。

　　這些內部單位之關係可以圖示如下：

圖 2-4-2　各校聯合甄試的關係

所以，題示情形，由於不予錄取的「行政處分」是某縣市內數個學校所聯合組成之「教師甄選委員會」作成的，依據前述之說明，應認為是數個「學校」作成的「共同行政處分」，因此，應以所有參與的學校為共同被告，向學校所在地之高等行政法院提起行政訴訟。

◎甄試程序是否合法？

依據題示情形，教師甄選委員會採用沒有明列於簡章之計分方式，是否合法？

依據教師法以及「高級中等以下學校教師評審委員會設置辦法」等相關規定，高級中等以下學校之教師新聘，是個別學校之權限，而教師新聘之審查事務，由教師評審委員會負責審查，為求教師新聘工作之客觀、公平，以便確實拔擢優秀教師，教師評審委員會得成立「甄選委員會」辦理。

由上可知，有關各應考人考試成績的審查，是教師評審委員會所成立之甄選介聘委員會之職權。而題示情形，甄選教師介聘會因考慮到本次甄試中之某些科目報考教師人數眾多，在試教及口試項目需分組，為校正評分誤差，經過試務行政裁量，採 T 分數計算，並經甄選教師介聘會於考試前決議在案。而由上面所提及之規定及說明，當然可以作為審查應考人考試成績之依據，這並未逾越甄選教師介聘會之職權，亦沒有變更成績計算方式，則甄試委員會採行 T 分數之計分方式於口試、試教部分，並無任何濫權違法。

　　況且，事實上該次考試並未明列各應考科目最終成績計算及審查方式，應考人也不可能有所謂「信賴保護」存在。所以，甄選教師介聘會本其職權，基於試務行政的裁量，經決議採行 T 分數之計分方式於口試、試教部分，乃甄選教師介聘會依其職權之判斷餘地。

　　而就一般國家考試而言，例如典試法第十一條第一項第一款及第三款(九十一年一月十六日修正前為第十條第一款及第三款)規定：「典試委員會依照法令及考試院會議之決定，行使其職權。下列事項由典試委員會決議行之：一、命題標準、評閱標準及審查標準之決定。……三、考試成績之審查。……」也揭示此為甄選考試委員會的職權。因此，題示之甄試程序並無任何違法之情事。

參考法條

　　教師法第十一條、典試法第十一條、高級中等以下學校教師評審委員會設置辦法

第 **3** 章

役男篇

役男篇

一、常備兵役體位還是替代役體位？申請免役遭否准，可以請求救濟嗎？

阿樽為役男（即「役齡男子」），初次參加役男徵兵檢查時，持某醫院開具的「兵役專用診斷證明書」接受檢查，所載病名為「重要關節炎」。某縣體位評判小組判定複檢，並指定國軍某醫院予以複檢，診斷結果：「肘後翻併外翻，經 X 光檢查，右肘後翻壹拾玖度，外翻貳拾度；左肘後翻壹拾伍度，外翻貳拾度。」某縣之徵兵檢查委員會於是依據體位區分標準附件「體位等級區分標準表」第一三〇項「重要關節」規定，判定阿樽為「常備役乙等體位」，並經中央體位審查小組複核同意。縣政府遂以「役男複檢處理判定體位結果通知書」通知阿樽之體位為常備役乙等體位。阿樽如何請求救濟？阿樽可以提出行政訴訟嗎？

大德於服役期間，因為某病舊疾復發，經核定因病停役。大德認為因患有該病，應該不用服役（即免役），於是向服役單位請求依兵役法施行法第十二條規定辦理免役。經服役單位函覆大德，表示其因病停役，經複檢後核定為常備兵役乙等體位，應依規定回服現役。阿德不服，應如何救濟？

◎役男對於體位判定有所不服，該如何救濟？可以提起行政訴訟嗎？

題示，阿樽因手肘受傷導致曲度過大，認為自己應不用當兵。

但徵兵檢查時，竟遭判定為乙等體位，阿樽該怎麼辦？

依據徵兵規則第十四條規定：「役男經徵兵檢查後，對判定之體位認為有疑義者，應依下列方式之一，申請改判體位：一、填具申請書，並檢具醫療機構診斷證明書，報請戶籍地鄉（鎮、市、區）公所轉報直轄市、縣（市）政府審核，准予複檢者，即送複檢醫院複檢，並由徵兵檢查委員會依複檢結果判定體位。二、填具申請書，並檢具複檢醫院兵役用診斷證明書，由戶籍地鄉（鎮、市、區）公所報請直轄市、縣（市）政府轉送徵兵檢查委員會判定體位。前項申請改判體位案件，徵兵檢查委員會於判定體位前，應送役男體位審查委員會審議。依第一項規定判定結果與原判定體位相同者，不得再以同一原因申請改判體位。」

簡單地說，對於徵兵檢查所作之體位判定如有不服，應先申請「改判體位」。有兩種申請方式：

1. 檢具「一般醫院」之診斷證明書，經過主管機關同意，送複檢醫院複檢後，由徵兵檢查委員會報請役男體位審查委員會審議後，依複檢結果判定。

2. 直接檢具「複檢醫院」之診斷證明書，申請由徵兵檢查委員會報請役男體位審查委員會審議後，依複檢結果判定。

而針對初次徵兵檢查的體位判定通知書，是否可以不經「申請改判體位」，直接提出訴願？

依據目前實務的見解，因為役男體位判定之通知書，判定役男之體位，是徵兵機關就役男是不是該服兵役以及應服哪一種兵役所作的決定，而對外直接發生法律效果的單方行政行為，此種

判定役男為何種體位的決定行為，不問其所用名稱為何，對役男在憲法上之權益有重大影響，應為訴願法及行政訴訟法上之行政處分。所以，受判定之役男，如認為判定有違法或不當情事，自得依法提起訴願及行政訴訟。

　　雖然依前述的徵兵規則第十四條規定，對於體位判定不服應先申請改判體位，但前述規定的申請改判體位程序，並非對先前體位判定不服提起行政爭訟之前置程序，役男如果沒有依徵兵規則申請改判體位，而直接提出訴願，也是可以的。

　　而且實務上，通知書上也多會載明役男如有不服，得依訴願法第十四條及第五十八條規定，提起訴願，因此，役男如不服體位判定通知書，直接提起訴願，於法並無不合（司法院大法官第四五九號解釋及臺北高等行政法院九十年度訴字第四八○五號判決參照）。

　　申請流程可以圖示如下：

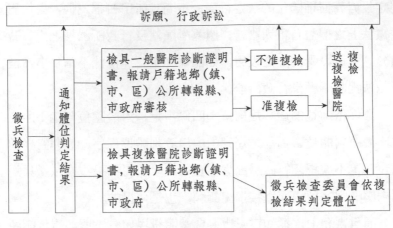

圖 3-1-1　體位判定的救濟流程

◎役男於服役期間，因舊疾復發致生某疾病，而認為其毋庸再服役，申請改服他役（如替代役）或免役，如何辦理？如遭否准，如何救濟？可以提出行政訴訟嗎？

依據兵役法第二十條第一項及第二項規定：「常備兵現役在營期間，有下列情形之一者，停服現役，稱為停役：……二、病傷殘廢經鑑定不堪服役者。前項停役原因消滅時，回復現役，稱為回役。國防軍事無妨礙時，得審查實際情形核定免予回役。」另兵役法施行法第十二條第一項規定：「常備兵停役後，因體位已不適於服常備兵現役，其合於替代役體位者，轉服替代役；合於免役規定者，予以免役。」

題示，大德於服役期間舊疾復發，大德認為此項疾病應該屬於「免役」。大德該如何處理。依據前述之說明，大德如果符合「病

傷殘廢經鑑定不堪服役」之標準，可先辦理停役。再來，大德可申請複檢，重新判定體位。如果經判定為其他體位的話（如替代役或免役），就可改服替代役或免疫。

前述的程序可以圖示如下：

圖 3-1-2　服役中申請改判體位的流程

如果，經過複檢判定之結果仍維持相同體位之判定，或僅改判定為替代役體位，而未判定為免役體位，役男可否提出行政救濟？

因公務員身分而受行政處分，是否可以提起行政爭訟，應該看處分的內容而定。凡對公務員有重大影響的不利益處分，例如：公務員身分關係之發生、變更、消滅等，受處分之公務員，如認原處分違法不當的話，自可循行政救濟程序請求救濟，司法院大法官釋字第二四三號、第二六六號、第二九八號解釋意旨，可供參考。

役男於服役期間，因傷病而申請改判體位，如獲改判，可以變更服替代役，甚至免役，當然是影響其軍人身分關係是否變動之重大不利益處分，對於役男之權利有重大之影響，實務見解認為是可以提出訴願及行政訴訟的（最高行政法院八十六年度判字

第三七四號判決參照)。

參考法條

　　兵役法第二十條、兵役法施行法第十二條、徵兵規則第十四條、司法院大法官釋字第四五九號解釋、最高行政法院八十六年度判字第三七四號判決、臺北高等行政法院九十年度訴字第四八〇五號判決

二、役男不能參加國家考試嗎?

　　阿新嚮往007的生活,從小就立志當調查員。大學畢業那年,阿新報考法務部調查局調查人員考試。不料考選部竟不准阿新報考。不准的理由是依據簡章規定,「男性應考人必須服畢兵役或現正服役中,法定役期尚未屆滿者」。而阿新因尚未服役,也非免役,所以不能報考。阿新如何請求救濟?

◎報考遭拒絕之通知書(公文書),算是行政處分嗎?

　　行政機關行使公權力,就特定具體的公法事件所作成,而對外發生法律上效果的單方行政行為,都屬於行政處分,不因其用語、形式以及是否有後續行為或記載不得聲明不服之文字而有異。如行政機關以通知書名義製作,直接影響人民權利義務關係,且實際上已經對外發生效力者,如以仍有後續處分行為,或載有不得提起訴願,而謂其為非行政處分,自與憲法保障人民訴願及訴訟權利之意旨不符(司法院大法官釋字第四二三號解釋)。而考試機關所作成通知應考人准予報考與否之通知函,直接影響應考人之應考試權利,應認為是「行政處分」。而依據司法院三十四年院字第二八一〇號解釋也認為,「依考試法舉行之考試,對於應考資格、體格檢驗或檢覈,經決定不及格者,自屬行政處分。因此,考試機關對於應考人所為「不符考試資格,不准報考」之處分自屬「行政處分」,依法可以提出行政爭訟。

表 3-2-1　不符報考資格通知書

考選部特種考試司（書函）　　　　　中華民國 87 年 8 月 17 日
　　　　　　　　　　　　　　　　　　(87) 選特字第○九二○號

受文者：　　　　先生
　　　　　　　　女士

一、台端報應八十七年特種考試 國家安全局國家安全情報人員 考試，經審查結
　　果如下：　　　　　　　　　法務部調查局調查人員

　　□ 1.缺報名費：三等考試九五○元。（補費者，請至郵局購買匯票。請填註
　　── 受款人：考選部，兌款局：本柵第二支局），如已繳費而經辦郵局
　　漏蓋郵戳，可將郵局彙給之收據（須經郵局填明寄款人姓名）逕寄考
　　選部特種考試司第二科。

　　□ 2.不符後備軍人申請報名費減半優待□資格與規定不合，應補繳三
　　　　　　　　　　　　　　　　　　　□未繳退伍證明
　　等考試四七五元（補費者請至郵局購買匯票。請填註──受款人：考
　　選部，兌款局：木柵第二支局）。

　　□ 3.未填報考組別。
　　□ 4.缺相片　　張。
　　□ 5.未繳身分證影印本或戶籍謄本。
　　□ 6.未繳學歷證件或學歷不符獨立學院以上畢業之規定。
　　□ 7.學歷證件與應考資格不符。
　　☑ 8.未繳兵役證明或出具主管機關役期之證明文件。明年始服役不符應考
　　資格。
　　□ 9.已逾報名期限（報名截止：八月八日，以郵戳為憑）。
　　□ 10.超過報考年齡。
　　□ 11.其他。

二、原報名表件，由本司抽存，以憑辦理補件或退費。

三、台端請於下□內擇一打「✓」（逾報名期限或超過報考年齡者免填寄，將另
　　行退費），並簽名蓋章，連同本函於八月二十五日前以限時掛號郵寄臺北市
　　文山區 116 試院路一號考選部特種考試司第二科辦理補件或退費，逾期不
　　予受理（以郵戳為憑），如影響報名，責任由應考人自行負責。

　　□補件：本人補寄　　　　　　件，請准以補件審查。

　　□申請退費：本人☑無法補件，謹申請退還原報名費（須扣除郵政劃撥手
　　　　　　　　　　□不願報考
　　續費）。

　　　　　　　　　　　　申請人簽章：
　　　　　　　　　　　　類　科　組：
　　　　　　　　　　　　日　　期：民國八十七年八月　日

四、查詢電話：（○二）二二三六三○八一轉三二九七或三一一二。

五、請　查照。

◎如何提出行政爭訟？

依據訴願法第四條第七款之規定：「訴願之管轄如左：……七、不服中央各部、會、行、處、局、署之行政處分者，向主管院提起訴願。……」雖然是法務部調查局調查人員之考試，但仍由考試院考選部舉辦，應考人如果不服考選部否准報考之處分者，應向考試院提出訴願，如仍未獲救濟的話，則以考選部為被告向臺北高等行政法院提出行政訴訟。流程可圖示如下：

圖 3-2-1　考試遭拒的救濟流程

◎法務部調查局調查人員考試限制役男報考是否違法？

基於憲法保障人民應考試服公職權利之緣故，公務人員考試中，很少以男性應考人為役男而不准報考的情形，例如：公務人員一級、二級、三級考試，司法官考試等都沒有這樣的限制，只有法務部調查局調查人員考試有這種看起來似乎是莫名其妙的限制。

這種限制可能違法的地方，在於：是否有法律明確規定男性應考人必須要服畢兵役或正在服役中才能應考？是否過度限制役男之權利（也就是是否違反「比例原則」）？針對役男限制其應考

權利是否不公平（即是否違背「平等原則」）？

(一)是否違背「法律明確授權原則」？

調查人員考試簡章中不准役男報考，主要是依據「特種考試法務部調查局調查人員考試規則」第三條第二項之規定。該條項規定：「本考試之男性應考人須服畢兵役或現正服役中，法定役期尚未屆滿者」。

性質上屬於行政命令之「考試規則」，是否可以創設法律所沒有規定的要件，來限制應考的資格？

原則上並不可以的。因為依據我國憲法第二十三條規定：「以上（憲法）各條列舉之自由權利，除為防止妨礙他人自由、避免緊急危難、維持社會秩序或增進公共利益所必要者外，不得以法律限制之」。換言之，如果要限制人民的權利，應該要有法律的規定才可以。退一步說，若不以法律定之，至少也要以經明確授權的授權命令定之（司法院大法官釋字第三一三號解釋參照）。

所謂「授權明確」係指法律授權行政機關限制人民權利者，法律授權之目的、範圍、內容必須具體明確（司法院大法官釋字第三六七、三八〇、三九四、四〇二、四五六號解釋參照）。而所謂「授權之目的、範圍、內容必須具體明確」應就該項法律整體所表現之關連意義為判斷，而非拘泥於特定法條文字（司法院大法官釋字第三九四號解釋參照）。

原先「特種考試法務部調查局調查人員考試規則」第三條第二項之規定，不但相關之公務人員考試法沒有直接規定，而且也

沒有經過明確授權。遍尋公務人員考試法及公務人員考試法施行細則並無任何條文直接授權得就役男之考試權加以限制。即便，授權明確性之有無應該就法律整體所表現之關連意義為判斷，而不是拘泥於特定法條文字（司法院大法官釋字第三九四號解釋參照），但綜觀整個公務人員考試法原先之規定，關於考試資格之規定，是在第十五條、第十六條、第十七條、第十八條及第十九條，整體觀之，也看不出公務人員考試法有就「限制役男報考」之任何授權意圖。

而也因為前面「授權明確」的問題，最近一次修改公務人員考試法（民國九十年），在第五條增訂第二項即針對限制役男之考試權而來。依該項規定：「考試院得依用人機關請求及任用之實際需要，規定公務人員特種考試應考人之兵役狀況及性別條件。」雖然賦予了限制役男考試權的法源依據，但是否符合「平等原則」及「比例原則」，仍值得討論。

㈡是否違背「比例原則」?

我國憲法第二十三條規定：「以上各條列舉之自由權利，除為防止妨礙他人自由、避免緊急危難、維持社會秩序或增進公共利益所必要者外，不得以法律限制之。」也就是說，國家對於人民權利之限制必須有其「必要」，而不是隨便就可以加以限制。這就是所謂的「比例原則」。

所謂比例原則包含三個子原則，即「適當性」、「必要性」及「衡平性（狹義比例原則）」。「適當性」是指「以適當之方法」；

「必要性」是指「擇其干預最小者為之」；而「衡平性（狹義比例原則）」是指衡量系爭權利與該行為所助益之社會法益之大小」（司法院大法官釋字第四四五號解釋理由書參照）。

「役男不准考」的目的應在達成「即考即用」之用人政策。姑且不論此政策之合憲性，單就以「限制役男考試權」達成「即考即用」之目的言，手段目的關係已經違反比例原則。因為，雖然就「適當性原則」而言，「限制役男考試權」可有效達成「即考即用」政策；但是就「必要性原則」而言，「限制役男考試權」就達成「即考即用」政策並非最小干預手段，因為以其他方式也可解決這個問題，例如：只要在報名時詢問是否可在錄取後馬上受訓報到，如果不行，何時可報到，然後再增額以「候補」的方式錄取即可，並不須一開始就限制役男之考試權。有關單位應該予以檢討。

(三)是否違背「平等原則」？

依我國憲法第七條規定：「中華民國人民不分男女、宗教、種族、階級、黨派一律平等。」換言之，國家不得基於任何理由，而加以不合理的歧視。如考試資格以役男、非役男為區分標準，而就役男加以歧視，不准役男報考，理由何在？除了行政上之方便之外，恐怕找不出任何理由。而以行政上的方便作為考量，顯然也是不合理的。

遺憾的是目前最高行政法院之見解，認為以兵役問題而限制役男之考試權，並沒有違法（最高行政法院八十九年度判字第五

九二號判決參照)。

 **參考法條**

　　公務人員考試法第五條、特種考試法務部調查局調查人員考試規則第三條第二項、憲法第七條、第十八條、第二十三條、司法院大法官釋字第四四五號解釋

三、役男不能出國嗎?

阿豪一心想環遊世界,在大學三年級的暑假,原本與幾位同學約好一起出國,但幾位同學中,有的是女生,而男性同學則都已經服完兵役,只有阿豪還沒當兵。幾個同學於是向內政部警政署入出境管理局申請護照準備出國。惟獨阿豪因為還沒當兵,入出境管理局以當時的「役男出境處理辦法」第十三條規定,拒絕讓阿豪出國。阿豪眼巴巴看著幾位同學興高采烈出國環遊世界,認為這實在不公平。阿豪該如何處理?

◎役男一定就不能出國嗎?

相信很多人都記憶猶新,從前只要是役男幾乎是沒有什麼機會出國的,除非是出國比賽或參加會議等。

在民國八十二年間有某役男向入出境管理局申請入出境許可,因具有役男身分,入出境管理局發函函復該役男表示,依役男出境處理辦法第十三條規定,應再補具免服兵役證明文件或主管部、會之核准出國公文等以憑辦理出境手續,否則依該辦法規定,無法同意出境。

依據當時的役男出境管理辦法第八條規定:「左列役男不同意出境:一、應徵年次內,尚未接受徵兵處理者。二、已判定甲、乙等體位,依法應徵服現役或經驗退者。三、應徵年次內經判定戊等體位,應予複檢者。……」這一個條文光是前面這三款,就

幾乎限制了全國的役男出國的可能性了。除非是體位被判定為不用當兵的，否則一律不准出國。

　　雖然，第十三條開了一道小門，但也非常困難，除非是要出國比賽拿金牌的，否則一般役男幾乎沒什麼機會可以適用到第十三條的規定。（役男出境管理辦法第十三條規定：「依第八條規定不同意出境之役男，因有左列各款特殊原因之一申請出境者，憑主管部、會、處、署、局之核准文件辦理出境手續。一、奉派出國服務者。二、奉派出國參加國際會議者。三、奉派出國考察、訪問或接洽業務者。四、奉派出國參加比賽或表演者。五、奉派出國進修、研究、受訓或實習者。……」）

　　某役男不服，於是提出行政爭訟。不服的理由是，依據中央法規標準法第五條第二款規定，關於人民之權利義務事項，應以法律定之，而役男出境處理辦法乃一行政命令，入出境管理局卻依據行政命令限制受到憲法第十條保障之人民居住遷徙自由的權利，顯然違憲。經訴願、再訴願均遭駁回，於起訴後也遭最高行政法院駁回（最高行政法院八十三年度判字第二五三八號判決參照）。

　　該役男仍不服，聲請司法院大法官釋憲。大法官在八十六年間作出釋字第四四三號解釋，認為「憲法第十條規定人民有居住及遷徙之自由，旨在保障人民有任意移居或旅行各地之權利。若欲對人民之自由權利加以限制，必須符合憲法第二十三條所定必要之程度，並以法律定之或經立法機關明確授權由行政機關以命令訂定。限制役男出境係對人民居住遷徙自由之重大限制，兵役

法及兵役法施行法均未設規定，亦未明確授權以命令定之。行政院發布之徵兵規則，委由內政部訂定役男出境處理辦法，欠缺法律授權之依據，該辦法第八條規定限制事由，與前開憲法意旨不符，應自本解釋公布日起至遲於屆滿六個月時，失其效力。」

此號解釋導致兵役法及兵役法施行法等相關法令之修改。依據現行之兵役法施行法第四十八條第一項規定，除了出國比賽等特殊原因而出國，或因原本即在國外就學之役男，其餘役男如要出國，必須經過申請，而且每次以兩個月為限。

◎申請出國的程序

國人如要出國旅遊或洽商，一般多委由旅行社代為辦理。如果役男要自行辦理出國，要如何申請?

役男申請出國，一般分成三種類型處理，其出國之時限分別如下:

1. 在學役男因奉派或推薦出國研究、進修、表演、比賽、訪問、受訓或實習等原因申請出境者，最長不得逾一年。

2. 未在學役男因奉派或推薦代表國家出國表演或比賽等原因申請出境者，最長不得逾三個月。

3. 因前二款以外原因經核准出境者，每次不得逾二個月（役男出境處理辦法第四條參照）。

至於，一般役男出國之申請程序可圖示如下（役男出境處理辦法第七條參照）:

| 第一種原因申請出國者 | → | 由役男就讀學校檢附相關證明，向戶籍地直轄市、縣（市）政府申請核准 |

| 第二種原因申請出國者 | → | 由役男自行檢附相關證明，向戶籍地鄉（鎮、市、區）公所申請核准 |

| 第三種原因申請出國者 | → | 1.由役男自行向戶籍地鄉（鎮、市、區）公所申請核准
2.在學役男且經核准緩徵者，得由境管局依戶籍地直轄市、縣（市）政府核准之緩徵資料核准 |

圖 3-3-1　役男申請出國流程

 參考法條

　　兵役法施行法第四十八條、役男出境處理辦法第四條、第七條、司法院大法官釋字第四四三號解釋

四、在上帝與凱撒之間——上帝的使徒不當兵?

阿賢為虔誠之基督徒,新兵訓練時,部隊實施五百公尺超越障礙之武裝分段訓練課程,經該連連長對阿賢與同班戰士下達上述課目、進度及服裝規定等與軍事有關命令,阿賢以宗教信仰為由,認為上帝之戒訓要求不得爭戰及殺戮,因此拒不參加訓練,遭軍事法院論以陸海空軍刑法第四十七條第一項之「反抗長官命令罪」,處有期徒刑一年。阿賢的主張有理由嗎?

◎耶和華見證人

「末後的日子,耶和華殿的山必堅立,超乎諸山,……他必在列國中施行審判,為許多國民斷定是非。他們要將刀打成犁頭,把槍打成鎌刀。這國不舉刀攻擊那國;他們也不再學習戰事。」(《聖經以賽亞書》第二章第二節至第四節);「因為我們雖然在血氣中行事,卻不憑著血氣爭戰。我們爭戰的兵器本不是屬血氣的,乃是在神面前有能力,可以攻破堅固的營壘。」(《聖經哥林多後書》第十章第三節及第四節);「只是我(耶穌基督)告訴你們這聽道的人,你們的仇敵,要愛他! 恨你們的,要待他好! 咒詛你們的,要為他祝福! 凌辱你們的,要為他禱告!」(《路加福音》第六章第二十七節及第二十八節)。

《聖經》中不乏像上面所述的章節,要求基督徒對於地上列國戰爭均嚴守中立之立場,並不干涉他人行動。許多信仰基督的

虔誠教徒，相信全能的上帝耶和華，創造天地萬物的造物主，且相信《聖經》是上帝的話語，不僅一切信仰基於《聖經》，生活言行概以《聖經》為唯一標準及原則，凡與《聖經》牴觸的，他們皆本於良心督責而不為。

　　因此，許多身為「耶和華見證人」的役男，面臨兵役及軍事訓練，往往為了宗教上之「上帝之法」，而以身試「凱撒之法」，拒絕參與任何與軍事有關之活動，導致軍事法院以「凱撒之法」——陸海空軍刑法之抗命罪判刑。

◎抗命罪？

　　陸海空軍刑法第四十七條規定：「違抗上級機關或長官職權範圍內所下達或發布與軍事有關之命令者，處五年以下有期徒刑。」耶和華見證人在拒絕參與訓練活動後，往往都是以這一條文論處。

　　有許多役男因此遭到判刑，並提出釋憲案。耶和華見證人的主要論點是，這些基於宗教自由而拒絕服（使用武器之）兵役的役男，入伍後，必然拒絕參與軍事訓練，而終至依陸海空軍刑法之抗命罪論處。然而，這些人自始就不適合服兵役之特殊情況下，現行兵役制度卻強令其服兵役，導致判刑，甚至最後還須藉由被以抗命罪科處重刑，才能達到禁服兵役（不用當兵）之目的，可知現行兵役制度與憲法第十三條之宗教自由，似已立於衝突矛盾之情形。

　　司法院大法官在八十八年間作成釋字第四九○號解釋，認為兵役制度並未違反憲法第十三條宗教自由之保障。

◎替代役的實施

　　雖然如此，在世界潮流及民意的壓力，以及國防部精兵政策下，前幾年開始有「替代役」制度的出現。

　　依據替代役實施條例第五條規定：「中華民國男子年滿十八歲之翌年一月一日起，於徵兵檢查為常備役體位者，得依志願申請服替代役；檢查為替代役體位者，應服替代役。前項申請服替代役役男，具左列資格者，得優先甄試，並依下列順序決定甄試順序：一、因宗教、家庭因素者。……」也就是說，不論耶和華見證人的體位屬於哪一等級，均可以申請改服替代役，而不用服兵役。

參考法條

　　陸海空軍刑法第四十七條、替代役實施條例第五條、司法院大法官釋字第四九○號解釋

第 **4** 章

公務員篇

一、公務員遭記大過處分或免職處分，可以提出行政爭訟嗎？

　　阿海為某縣衛生局辦事員，因於九十一年三月六日奉派公差，駕駛公務車辦理藥物查核工作，當天下午酒後駕公務車與某陳姓藥商一同至某醫院，逆向行駛至醫院門口停車時，與一老人因停車問題發生爭執，陳姓藥商遂追打該老先生，該院警衛出面處理，與陳姓藥商相互扭打，阿海亦加入爭執行列。某縣衛生局遂以其言行不檢，嚴重損害公務人員形象及機關聲譽，記一大過懲處。

　　阿海另於隔年即九十二年五月十七日上班時間，酒後至各課室騷擾，揚言欲毆打衛生局長；果然在同日晚間，強行進入局長辦公室內，公然毆打局長，使局長右臉受有右眼眶輕度紅腫之傷。某縣衛生局於是以阿海以下犯上，行為乖張，嚴重損害公務人員聲譽，記一大過懲處，阿海涉傷害罪嫌部分，也經法院判處有期徒刑三月確定在案。

　　某縣衛生局遂以阿海「九十二年度」平時考核已累積達二大過，年終考績列為丁等，並予以免職處分。阿海如何尋求救濟？

◎公務人員遭「免職」處分，如何請求救濟？

　　阿海遭縣政府衛生局免職處分，如何救濟？因現行公務人員保障法對於公務人員因不服服務機關或人事主管機關所為措施之救濟方式分成兩種。一種是「復審」程序，另一種則是「申訴、再申訴」程序。所以，必須先區別這兩種程序的不同，才能合法

提出救濟程序。

(一)復審程序

　　復審程序是規定在公務人員保障法第二十五條。該條規定：
「公務人員對於服務機關或人事主管機關所為之行政處分，認為
違法或顯然不當，致損害其權利或利益者，得依本法提起復審。」
至於這裡所說的「行政處分」所指的是什麼？是不是服務機關或
人事主管機關所作成之處分都屬於這裡所說的「行政處分」？公務
人員保障法並未規定，而是留給法院極大的判斷空間。而歸納司
法院大法官解釋及法院判決（司法院大法官釋字第一八七、二〇
一、二四三、二六六、二九八、三一二、三二三、三三八號解釋
及最高行政法院八十五年度判字第一〇三六號判決意旨參照），通
常是對於公務員影響比較嚴重的，有三種情形是這裡所說的「行
政處分」，而應該以提出「復審」之方式尋求救濟：

　　1.足以改變公務員身分關係（例如：免職處分）。

　　2.於公務員權利有重大影響之處分。

　　3.基於公務員身分所產生之公法上財產上請求權（例如：退
　　　休金）。

　　至於非前面所述三種情形之其他工作條件或管理措施，如有
不服則應尋求另一種「申訴」、「再申訴」程序之方式救濟（詳下
述）。

　　而復審要向哪個機關提出呢？要在何時提出呢？

　　公務人員如不服人事主管機關或服務機關所作成之行政處

分，應該在收到該行政處分之次日起三十天之內，經由作成該行政處分之機關向公務人員保障暨培訓委員會提出復審（公務人員保障法第三十條第一項及第四十一條第一項參照）。

要注意的是，三十天期間的計算是以行政機關收到之日期為準，並非以郵戳為準（公務人員保障法第三十條第二項參照）。因此，如果在第三十天才以郵寄方式寄出復審書，雖然郵戳上日期在三十天內，但行政機關可能要隔一天才會收到，此時已經過了三十天，救濟的期間過了，到時可是投訴無門的。

而對於復審決定如果仍然不服者，依法可以在收到復審決定書後二個月內向該管高等行政法院提出行政訴訟（公務人員保障法第七十二條參照）。

㈡申訴、再申訴程序

另外一種針對比較沒有那樣嚴重的處分（通常是涉及工作條件及管理措施），如果不服的話，應該以「申訴、再申訴」的方式尋求救濟。

公務人員對於服務機關所為之「管理措施」或「有關工作條件之處置」認為不當，致影響其權益者，得提起申訴、再申訴（公務人員保障法第七十七條第一項參照）。

所謂「管理措施」，例如：記申誡、記過、考績評定等就公務人員平時之工作表現所為之評價性措施。而「有關工作條件之處置」，例如：調職、准假與否、留職停薪准否及其他機關內部所發之職務命令或所提供之福利措施等。

至於申訴及再申訴要向哪個機關提出？在何時提出？

申訴之提出，應在接獲管理措施或工作條件之處置之次日起三十天內，向作成該措施或處置之機關提出（公務人員保障法第七十七條第二項及第七十八條第一項參照）。

對於申訴之函覆如仍不服者，應在接獲該函覆之次日起三十天內向公務人員保障暨培訓委員會提出再申訴（公務人員保障法第七十八條第一項參照）。

但是，對於公務人員保障暨培訓委員會之再申訴決定，並不能提出行政訴訟。

㈢兩種程序的比較

「復審」及「申訴、再申訴」兩種程序的比較可以圖示如下：

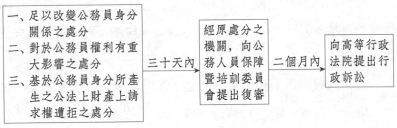

圖 4-1-1　公務員受上級處分的救濟流程

㈣阿海遭免職處分，怎麼救濟？

題示，某縣衛生局以阿海九十二年度平時考核已累積達二大過，年終考績列為丁等，並予以免職處分，依據前面的說明，阿海應於接獲免職處分後三十天內向公務人員保障暨培訓委員會提出復審，如未果，則應於接獲復審決定書起二個月內向該管高等行政法院提出行政訴訟。

◎公務人員遭「記大過」處分，如何尋求救濟？

題示，阿海於九十一年間及九十二年間分別因酒後駕車鬧事，及毆打長官，各遭記大過乙次處分。因記大過處分，依據目前實務見解僅屬於「管理措施」之範圍，尚未達嚴重程度，僅能以「申訴」及「再申訴」方式提出救濟，並不能提出行政訴訟。

◎某縣衛生局將年終考績丁等之公務人員免職，合法嗎？

依據公務人員考績法施行細則第十三條第一項第二款第二目前段規定，違反紀律或言行不檢，致損害公務人員聲譽，有確實證據者，記大過乙次。題示阿海分別酒後駕車鬧事以及毆打長官，均已嚴重影響公務員之聲譽，各記大過乙次，於法並無違誤。

而阿海於九十二年度之平時考績已因上開二事件達到二次大過，依據公務人員考績法第十二條第一項第一款，其年終考績列為丁等。而年終考績丁等者，依據公務人員考績法第七條第一項

第四款之規定，應予免職。

有問題的是，阿海九十一年間發生酒後駕車鬧事事件，至九十二年才懲處一大過確定，是否可以算入九十二年度之考績，還是只能算入事實發生之九十一年度之考績？因阿海九十一年間之酒後駕車鬧事事件於九十一年度考績評斷時尚未確定，因而也未於九十一該年度被計入，也就是說，九十一年度阿海並未因此受懲處。因此縣政府衛生局於九十二年將該事件所為之懲處，累積計入九十二年度之平時考核，於法並無不合（臺北高等行政法院九十年度訴字第一三二號判決參照）。也就是考績上之處分以懲處確定之年度為準，不一定以事實發生之年度為準。

參考法條

公務人員保障法第二十五條、第三十條、第四十一條、第七十二條、第七十七條、第七十八條、公務人員考績法第七條、第十二條

二、教師遭免職處分或留職停薪申請遭拒，如何提出行政救濟?

阿寺為某國中教師，與妻子感情不睦。某日，其妻雇請徵信社人員在某汽車旅館發現阿寺與一女子獨處一室，衣衫不整。經會警查獲後，以「妨害家庭罪嫌」將阿寺移送地檢署偵辦，嗣後，阿寺並遭起訴，而判決有罪確定在案。縣政府遂以阿寺「行為不檢有損師道，經有關機關查證屬實」，而將阿寺免職，阿寺可以提出行政救濟嗎? 如果可以，要如何提出救濟?

阿玲為國小教師，於民國八十四年取得美國某大學英語教學碩士學位，且經改敘碩士級薪級。後來因阿玲另考取國內某大學英語翻譯研究所，擬自八十九學年度起留職停薪前往進修，學校乃發函向縣政府陳報，經縣政府發函該校轉知阿玲，以「阿玲已自美國某大學取得文學碩士學位，為期使學校教學、行政工作順利推展及兼顧學生受教權利，故不再同意阿玲以留職停薪方式赴某大學翻譯研究所進修」。阿玲不服，應如何提出行政救濟?

◎教師遭免職處分，要如何提出救濟?

教師受人事行政處分，救濟之方式與前述之一般公務員有所不同。

依據公務人員保障法第三條規定:「本法所稱公務人員，係指法定機關依法任用之有給專任人員及公立學校編制內依法任用之

職員。」由法條文義，已排除學校教師之適用餘地。另公務人員保障暨培訓委員會八十六年度公保字第○五五三八號函，也曾解釋公務人員保障法之適用範圍，不包含公立學校之校長及教師。

　　不過，老師們也不用擔心，並不是老師的權利不被保障，而是另依據教師法相關規定保障，有兩種方式：

(一)第一種方式：申訴、再申訴

　　教師對主管教育行政機關或學校有關其個人之措施，認為違法或不當，致損其權益者，依據教師法第二十九條第一項規定，得向各級教師申訴評議委員會提出申訴。對於申訴之決定仍然不服者，依據同法第三十一條第二項之規定，可以提出再申訴。

　　申訴及再申訴之程序，依據作成處分之機關不同，有不同之情形，圖示如下：

1.專科以上學校所作成之處分

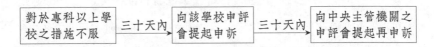

圖 4-2-1　受專科以上學校處分的救濟流程

2.高級中學以下學校所作成之處分

圖 4-2-2　受高級中學以下學校處分的救濟流程

【註】

1. 原則上，國民中小學所為之處分，應向縣市政府之申評會提出申訴，如仍不服，則向教育部申評會提出再申訴。

2. 由於精省的關係，目前除臺北市及高雄市之高級中學外，原省立之高級中學多改隸中央，因此，對於國立高級中學之處分，向教育部申評會提出申訴，並以再申訴論。

3.縣市主管機關（通常是縣市政府）所作成之處分

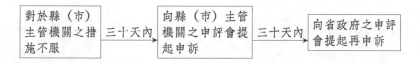

圖 4-2-3　受縣市主管機關所作成處分的救濟流程

4.直轄市主管機關（通常是直轄市政府）所作成之處分

圖 4-2-4　受直轄市主管機關所作成處分的救濟流程

5.教育部作成之行政處分

| 對於教育部之措施不服 | 三十天內 → | 向中央主管機關之申評會提起申訴，並以再申訴論 |

圖 4-2-5　受教育部作成行政處分的救濟流程

㈡第二種方式：訴願

　　由於現行教師法所採用之申訴、再申訴制度並非強制規定，因此，依據教師法第三十三條規定，教師亦可不提出申訴，而逕提出訴願。也就是，教師對於主管機關所為之行政處分，如有不服者，可以提出申訴再申訴，或依據訴願法提出訴願，制度之設計稱為「雙軌制」。

㈢受免職處分，於再申訴之後或訴願之後，是否可以提出行政訴訟？

　　有問題的是，對於選擇申訴、再申訴之程序救濟者，如對於再申訴決定不服，是否還要經過訴願程序後，才可以提出行政訴訟？多數見解認為經過再申訴程序者，視為已經過訴願程序，可逕行提出行政訴訟（參考吳庚所著，《行政爭訟法論》，一九九九年，頁三〇三以下；司法院大法官釋字第四六二號以及最高行政法院八十八年度判字第七四九號判決也採取相同之看法）。

　　因此，雙軌制之救濟途徑，可以圖示如下：

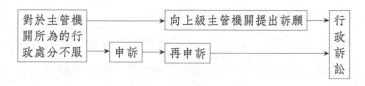

圖 4-2-6　教師雙軌制救濟途徑

◎縣政府以「教師行為不檢有損師道」將其免職，可以嗎？

依據教育人員任用條例第三十一條規定：「具有左列情事之一者，不得為教育人員；其已任用者，應報請主管教育行政機關核准後，予以解聘或免職：……七、行為不檢有損師道，經有關機關查證屬實者。」而阿寺身為教師，除應具備該領域應有之專業知識外，其行為並應足為學生之表率，阿寺既然因妨害家庭罪經判處有罪確定，顯然有損師道，縣政府依據規定予以免職，於法並無不合。

◎教師申請「留職停薪」被否准，如何提出行政救濟？是否也可以提出行政訴訟？

題示，阿玲因申請留職停薪，遭縣政府否准，由於「申請留職停薪遭拒絕」，屬於前述教師法第二十九條所定義之「主管行政機關或學校有關其個人之措施」，因此，如果阿玲認為前述駁回其申請留職停薪之處分，違法或不當，致損其權益者，可依據同條規定提出「申訴」、「再申訴」，或依據同法第三十三條規定提出訴

願。相關說明請參見前述部分，不再贅述。

至於，阿玲因申請留職停薪擬修習碩士學位遭拒絕，提出申訴或訴願後，針對再申訴決定或訴願決定，如仍不服，可以向高等行政法院提出行政訴訟嗎？

依據司法院大法官解釋的見解，認為得依行政訴訟法提起救濟之權益為：

1. 改變公務員身分關係，直接影響其服公職之權利，如免職處分等（如前述阿寺的例子）。

2. 對於公法上財產請求權受到影響者，如退休金、考績獎金、福利互助金之請領等。

3. 對於公務人員有重大影響之懲戒處分，如降低官等、降級、減俸等。

但是公務人員考績法之記大過處分、上級機關就其監督範圍內所發布之職務命令，或其他工作條件及管理必要之處分，則不許提起行政訴訟（司法院大法官釋字第一八七、二○一、二四三、二六六、二九八、三一二、三二三、三三八、四三○、四八三號等解釋意旨參照）。

因此，有關阿玲申請留職停薪遭被告否准之處分，參考前面的說明，應該屬於工作條件之管理處分，並非對教師之身分、財產權或重大影響權益之處分，應不可以提起行政訴訟（臺北高等行政法院九十年度訴字第一○五號裁定參照）。

◎縣政府以「已取得碩士學位，為期教學工作順利推展，學生受教權免受影響」而不准教師留職停薪，合法嗎？

　　依據「臺灣省高級中學以下學校及幼稚園教師國內在職進修學位實施要點」第五條第三款規定：「各校教師申請在職進修學位，須不影響教學及行政業務……同一學位，並以一項為限。」換言之，教師申請在職進修，必須不影響教學及行政業務。什麼是「不影響教學及行政業務」，行政機關就此有很大的「裁量」空間，原則上，法院會尊重行政機關的判斷，除非有極度誇張的情形，才會予以糾正。另外，「同一學位，以一項為限」，就是說，同一種學位只能進修一次。題示，阿玲本次要申請留職停薪進修的是英語翻譯研究所之文學碩士學位，但與前次留職停薪進修的文學碩士相同，因此，與前述的進修辦法規定不符。縣政府否准阿玲本次留職停薪進修之申請，於法有據。

參考法條

　　教師法第二十九條、第三十三條

三、公務員年終考績遭評定為丙等、晉升職等資
　　績分數過低、遭否准晉升遷調、遭調派處分
　　及請求支付加給差額，如何救濟？

　　阿丁為鐵路警察局警員，九十一年度年終考績被主管評定為丙等，阿丁不服，認為主管對其有成見，才故意找碴，將其考績列為丙等，阿丁如何救濟？

　　阿雄任職調查局某縣調查站調查員，九十一年間某縣調查站之人事甄審委員會辦理縣市調查站主任職缺作業，並未將其列入陞任或遷調名冊，阿雄認為以其資歷應足充任「主任」乙職，阿雄如何尋求救濟？

　　阿秀為外交部領務局薦任私書，九十一年間對於評定其晉升簡任職之資績分數過低，認損害其權益，阿秀該如何尋求救濟？

　　阿偉為郵政總局運輸科轉運股業務佐，因不服郵政總局於八十八年十一月間發布人事令，將其溯自八十二年一月一日起調派為郵件接送員，導致阿偉受有自八十二年起迄今「郵件接送員」與「火車郵件押運員」職務加給差額之損失，於是阿偉向郵政總局提起復審，請求撤銷上開派令，並確認阿偉之職責層次仍為「火車郵件押運員」，及補發自八十二年起迄今短少之職務加給，經郵政總局以案屬對於服務機關所為管理認為不當之申訴案件，移由郵政總局依公務人員保障法有關申訴之規定辦理。阿偉不服郵政總局對申訴之函復，向公務人員保障暨培訓委員會提起再復審（應為再申訴），經該會再申訴決定：「交通部郵政總局該人事令有關阿偉職務調派溯自八十二年一月一日起生

效部分及該部分申訴函復均撤銷，其餘駁回。」阿偉對不利部分如有不服，阿偉應如何救濟？

◎年終考績遭評定為丙等，如何救濟？

題示，阿丁係因九十一年度年終考績被審定為丙等，而請求將原審定之年終考績丙等變更為甲等。

而依據公務人員保障法之規定，公務人員對於服務機關所提供之工作條件及所為之管理認為不當的話，應提起申訴、再申訴。因此，如果主管機關之措施，未改變公務員身分，例如：記大過、記過處分、考績評定、機關內部所發之職務命令或所提供之福利措施，即屬「工作條件」或「管理措施」，僅得依公務人員保障法所定申訴、再申訴程序尋求救濟。

因此，題示阿丁如不服考績丙等之成績，應在獲知考績處分之次日起三十大之內，向將其考績審定為丙等之原主管機關提出申訴。如再不服申訴函覆者，應於得知或接獲函覆後之次日起三十天內，向公務人員保障暨培訓委員會提出再申訴。

又申訴、再申訴程序並無「不服者得提起行政訴訟」之規定。故縱使阿丁不服公務人員保障暨培訓委員會所為之再申訴決定，亦無提起行政訴訟之餘地。

◎晉升遷調遭否准，如何救濟？

題示，阿雄為法務部調查局某縣調站之調查專員，阿雄認為九十一年人事甄審委員會辦理縣市調查站主任職缺作業，未將其

列入陞任或遷調名冊，有所不服。

因為阿雄未獲列入陞任或遷調名冊，此應屬於機關內部所為之管理措施，對阿雄之權利尚無重大影響，且未改變其公務人員之身分關係，亦非基於公務人員身分所產生公法上財產請求權遭受侵害，依據前面之說明，阿雄如認有何不妥，只能提出申訴、再申訴尋求救濟。

所以，阿雄只能以申訴及再申訴之方式尋求救濟，不能再提出行政訴訟。

◎晉升職等資績分數過低，如何救濟？

阿秀為外交部領事事務局薦任秘書，因不服外交部評定其晉升簡任職之資績分數，認損害其權益。

依據公務人員陞遷法第七條規定：「各機關辦理本機關人員之陞任，應注意其品德及對國家之忠誠，並依擬陞任職務所需知能，就考試、學歷、職務歷練、訓練、進修、年資、考績（成）、獎懲及發展潛能等項目，訂定標準，評定分數，……」而這種分數的評定，無非是對於公務人員平時任職知能之考核，並不影響其任職之地位，也沒有限制或剝奪其服公職之基本權利之法律上效果，性質上屬服務機關之管理措施，依據公務人員保障法之規定，只能以提出申訴及再申訴的方式救濟，還不能提出行政訴訟。

◎遭調派處分及請求補付職務加給差額，應分別如何救濟？

　　阿偉為郵政總局運輸科轉運股業務佐，因郵政總局人事令，將其溯自八十二年一月一日起由「火車郵件押運員」（職務加給較多）調派為「郵件接送員」（職務加給較少），致受有自八十二年起迄今「郵件接送員」與「火車郵件押運員」職務加給差額之損失，遂向郵政總局提起復審，並請求撤銷上開派令，並確認阿偉之職責層次為「火車郵件押運員」，及補發自八十二年起迄今短少之職務加給（因先前一直以職務加給較少之「郵件接送員」核發），案經公務人員保障暨培訓委員會再申訴決定，撤銷關於溯及既往之部分，改自發布日起生效，其餘部分則駁回。阿偉就「調派為郵件接送員」及「補發職務加給差額」二部分仍然不服，應分別如何尋求行政救濟？

㈠「調派為郵件接送員」之部分

　　因該調職處分，屬於主管機關內部之「管理措施」，並未改變阿偉公務員之身分關係，不直接影響人民服公職之權利，僅能以申訴及再申訴之關係尋求救濟，不得提起行政訴訟請求救濟。

㈡「補發職務加給差額」之部分

　　因阿偉請求「補發職務加給之差額」屬於公務員基於公法上之財產請求權，依據前述說明，可以提出行政訴訟。

而阿偉請求補發是否有理?

公務人員俸給法第三條、第二條第五款以及第五條第一款分別規定:「公務人員之俸給,分本俸、年功俸及加給,均以月計之。」「加給:係指本俸、年功俸以外,因所擔任職務種類、性質與服務地區之不同,而另加之給與。」「加給分為三類:一、職務加給:對主管人員或職責繁重或工作具有危險性者加給之。」由上面的規定可以知道,職務加給是就公務人員實際從事之職務而為給與,不是實際負責某項職務的人,不得支領該項職務之加給。而阿偉訴請發給「押運工作人員」之職務加給,需以阿偉實際上擔任郵件押運工作,才可以支領。但是阿偉雖然先前派為「郵件押運員」,但是只擔任郵件「接送工作」迄今,阿偉既然沒有實際負責郵件押運職務,縱使先前之職位為「郵件押運員」,但郵政總局依照阿偉實際擔任郵件接送工作,發給郵件接送工作之職務加給,並沒有什麼不對。因此,阿偉以「押運工作」之職務加給多於「接送工作」之職務加給,請求補發迄今短少之差額,就沒有什麼道理。

參考法條

公務人員保障法第七十七條、第七十八條、公務人員陞遷法第七條、公務人員俸給法第二條、第三條、第五條

四、申請公假遭否准、遭曠職登記處分、申請出國進修遭拒、遭免兼庭長處分、被長官要求去打人，應如何提出救濟？

阿俊為某國立大學學務處生輔組組員，因自訴同校總務處某組長偽造文書案，接獲法院報到證傳喚阿俊應於九十二年三月二十二日及同年四月十九日出庭應訊，以及告發該組長涉嫌瀆職案，接獲法院檢察署刑事傳票以告發人身分傳喚應於同年十二月十八日出庭應訊，經阿俊分別向學校申請公假，均遭否准。阿俊如何提出救濟？

阿寬為某小學之保健員，因於九十年七月、八月暑假期間應上班而未上班，亦未辦理請假手續，日數共計四十六日，學校遂予以曠職登記。阿寬認為暑假期間毋庸上班，認為學校將其登記曠職違法，阿寬應如何尋求救濟？

阿維是某地檢署檢察官，經法務部推薦參加九十一年度公務人員出國專題研究甄試，由人事行政局審定錄取後報請行政院核定在案。後來，法務部以阿維有當時「選送公務人員出國專題研究實施計畫」第四點第一項第三款規定註銷資格之情形，且其身為檢察官行為梢欠謹慎，不宜出國專題研究，而函請人事行政局註銷其出國專題研究資格。阿維甚為不平，該如何尋求救濟？

阿才原為某法院法官兼庭長，某法院於九十年間以人事令，將其由「法官兼庭長」調為「法官」，阿才認為此已嚴重影響其權益，阿才應如何尋求救濟？

　　阿信擔任某機關之公務員，某日主管要求阿信核准主管太太之申請案，但該案依法根本不應核准。主管甚至要求其前往教訓某不聽話的民眾，阿信認為此舉至少將構成傷害罪，若下手過重，也可能導致該民眾死亡，而構成殺人罪。阿信在服從與抗命的兩難間，不知如何是好。阿信該怎麼辦呢？

◎請公假遭否准，如何救濟？

　　阿俊因訟案接獲法院傳票，必須於上班時間出庭應訊，但學校不給公假。雖然，公務員依法院傳訊出庭為刑事訴訟法之強制規定，應檢察署傳喚出庭配合辦案亦為強制規定，行政機關否准阿俊以公假應訊，可能已經損害公務人員阿俊之權利或利益。但學校否准阿俊公假申請，屬於服務機關就其所屬職員所為之管理行為，並不得提起行政訴訟，已如前述。阿俊只能依循申訴及再申訴之規定以為救濟。

◎不服遭「曠職」登記，如何救濟？

　　阿寬為某小學之保健員，因未上班，亦未辦理請假手續，學校遂予以曠職登記。因未請假而遭曠職處分之事件，屬於行政機關就其所屬職員所為管理行為，依據公務人員保障法之規定，僅能循申訴及再申訴方式尋求救濟，並不能提出行政訴訟。

◎公務員申請出國進修遭拒，如何救濟？

　　題示，阿維是某法院檢察署檢察官，前經法務部推薦參加公

務人員出國專題研究甄試，並經人事行政局審定錄取。後來法務部竟又以阿維有「選送公務人員出國專題研究實施計畫」第四點第一項第三款規定註銷資格之情形，且阿維身為檢察官行為稍欠謹慎，不宜出國專題研究，而報請人事行政局註銷其出國專題研究資格。

因人事行政局乃係同意依照法務部之意見，而註銷阿維之出國專題研究資格，這並沒有改變阿維之公務人員身分關係，而且也不屬於公務員權利有重大影響之事項，也沒有侵害阿維因公務員身分所產生之公法上財產請求權，依據前述說明，自不得提起復審及行政訴訟，只能提起申訴、再申訴以尋求救濟。

◎法官遭「免兼庭長」處分，如何救濟？

阿才為某法院法官兼庭長，九十年間遭法院將其由「法官兼庭長」調為「法官」，阿才應該如何提出救濟？

曾有法官因「免兼庭長」處分而提出復審，最後案子到了最高行政法院。最高行政法院也曾經認為：

1. 庭長雖屬兼任性質，但是依據司法人員人事條例第三條第三款規定，「兼任庭長之法官」與其他不兼任庭長之「法官」並列為「司法官」之一種；法官本職與庭長兼職，應同時受到法律保障。

2. 而依據法院組織法第四條第一項的規定，兼任庭長之法官，在其所屬審判庭合議審判案件時，不論其資歷深淺，當然充任該審判庭之審判長，依民事訴訟法或刑事訴訟法相關

規定，行使訴訟指揮權與裁判權，因此如改調為不兼任庭長之「法官」，則喪失其當然充任審判長之權利，能否謂非屬重大影響於其審判上之權利而非屬行政處分，不無商榷餘地。

3. 遴任兼庭長法官者，俱為司法精英，得獲任兼庭長法官者，莫不引為其司法生涯之重大成就與榮譽。如驟予改調不兼任庭長之法官又不予調升，能否謂對其聲望名譽與工作士氣不發生重大影響，亦有推敲餘地。（九十年度判字第一七七四號判決參照）

最高行政法院因而認定原兼任庭長之法官，改調派為不兼任庭長之法官，對其審判上之權利及作為「司法官」之身分名譽，具有重大影響，因此，此種人事調派令，應屬行政處分而可以提起行政救濟。

後來，司法院大法官釋字第五三九號解釋則推翻這樣的見解，認為：「……令『免兼庭長』之人事行政行為，僅免除庭長之行政兼職，於其擔任法官職司審判之本職無損，對其既有之官等、職等、俸給亦無不利之影響，故性質上僅屬機關行政業務之調整。」

因此，依據司法院大法官解釋的見解，「免兼庭長」的處分只是一種「管理措施」，如有不服，僅能以申訴、再申訴之方式尋求救濟，因此也不能提起行政訴訟。

◎長官要求下屬做違法的事，下屬該如何是好？

早期法治還沒有上軌道的時代，常有聽聞執政者利用暗殺手

段對付反對人士，通常是長官令下屬去處理。長官下令時，並不會有公文白紙黑字寫明，只是「口頭交代」。到時候如果事跡敗漏，下屬吃上官司，下屬要說是長官交代的，恐怕也是無憑無據。

這種服從與抗命的兩難，在現在的公務人員保障法中，已有清楚明確的規定，以保障公務員執行職務的安全。依據公務人員保障法第十六條的規定：「公務人員之長官或主管對於公務人員不得作違法之工作指派，亦不得以強暴脅迫或其他不正當方法，使公務人員為非法之行為。」第十七條規定：「公務人員對於長官監督範圍內所發之命令有服從義務，如認為該命令違法，應負報告之義務；該管長官如認其命令並未違法，而以書面下達時，公務人員即應服從；其因此所生之責任，由該長官負之。但其命令有違反刑事法律者，公務人員無服從之義務。前項情形，該管長官非以書面下達命令者，公務人員得請求其以書面為之，該管長官拒絕時，視為撤回其命令。」

上面的規定可以圖示如下：

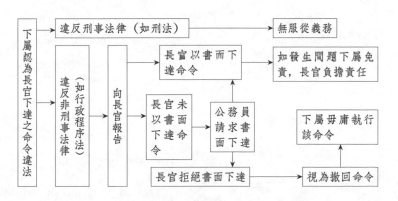

圖4-4-1　公務員對於違法命令執行過程的流程

　　題示，主管要求阿信通過他太太之申請案，但依法，主管之太太的申請案根本不符標準，應予駁回。此時，依據前面之說明，阿信應該向主管報告此案應不予通過，否則違法。如果長官仍以書面要求的話，阿信只好照辦，將來如發生問題，阿信可以免責，而由主管負擔全部之責任。如經阿信報告後，主管不置可否，此時，阿信應該要求主管作成書面，如果主管仍不作成書面者，就當成是主管撤回這個命令，阿信就沒有執行這個命令之必要。

　　主管另外要求阿信去教訓（傷害）某個不聽話的民眾，此時，因傷害他人會構成刑法的傷害罪，屬於違反刑事法律的行為，依據前面之說明，阿信沒有服從此種涉及違反刑事法律的命令，這種命令當然不用服從，縱使有主管的書面命令，也不用服從。

**參考法條**

　　公務人員服務法第十六條、第十七條、第七十七條、第七十八條、司法院大法官釋字第五三九號解釋

第 **5** 章

參 政 篇

參

政

篇

一、我比較笨、比較壞、還在唸書，所以我不能參選？

　　阿俠從小因家境貧困，僅小學畢業，但靠著自學不倦，學識豐富，著述豐富。某次阿俠擬參加立法委員選舉，縣選委會竟以阿俠僅小學畢業，依法不得參選，而拒絕阿俠登記參選。阿俠該怎麼辦？

　　阿松打滾江湖甚久，乃角頭大哥。平日劫富濟貧，照顧弱小，並常為鄉民主持公道，鄉民皆認為他是廖添丁再世。某次里長伯鼓勵阿松參與立法委員選舉，造福鄉民。阿松於參選登記日帶領支持群眾登記參選，竟遭縣選委會以阿松曾犯妨礙投票罪被判處三年有期徒刑，依法不得參選。阿松如何尋求救濟？

　　阿德為某大學學生會會長，對政治充滿熱誠。某次，經同學鼓勵，要求他出來選市議員，但登記日竟遭市選委會以阿德現仍為學生身分，不准參選。阿德如何尋求行政救濟？

◎學歷太低不能參選？

㈠憲法的規定

　　依據我國憲法第十八條規定：「人民有應考試、服公職之權。」所謂「服公職之權」，是指人民享有擔任依法進用或選舉產生之各種公職、貢獻能力服務公眾之權利。

　　而經由選舉產生之各種公職，其參選人是否有資格上的限制？

我國憲法第一百三十條後段也只規定:「除本憲法及法律別有規定者外,年滿二十三歲者有依法被選舉之權。」也就是說,原則上只要年滿二十三歲,就可以參選,當然法律上可以在合憲的範圍內,增加其他必要的限制。

(二)選罷法的規定

　　修正前的公職人員選舉罷免法第三十二條第一項有關各級民意代表候選人的參選資格,設有學歷之限制。其中,立法委員參選人必須要有高級中學以上之學歷。而以筆名「杏林子」聞名的劉俠女士,因從小患有「內風濕關節炎」,身體不便,僅小學畢業,往後即在家自修苦讀。雖然如此,劉俠女士自修苦學,也卓然有成,曾著有多本著作,當選過十大傑出女青年,並獲得國家文藝獎章之殊榮。其學識成就實為許多「高中畢業生」,甚至大學生、碩士、博士所不及。

　　其參選立法委員時,即因學歷不符規定而遭拒絕登記為候選人。劉俠女士認為公職人員選舉罷免法就各類公職人員設有學歷限制,違反憲法保障人民服公職之權利的意旨,因此聲請國家賠償,但均遭敗訴,最後並聲請大法官解釋。

　　司法院大法官在民國八十一年間作出第二百九十號解釋,認為,雖然我國憲法第一百三十條後段規定:「除本憲法及法律別有規定者外,年滿二十三歲者,有依法被選舉之權。」但是,法律對於被選舉權的具體資格條件,在合理的範圍內,還是可以去決定具體的資格條件的。當時的公職人員選舉罷免法第三十二條第一

項有關各級民意代表候選人學、經歷之限制，雖與其他國家不盡相同，但為提升各級民意代表機關之議事功能及問政品質，衡諸國情，與憲法並無牴觸。但大法官同時也提醒，因為國民的教育日益普及，選舉人對於候選人選擇之能力相對提高，對於各級民意代表候選人學、經歷之限制是否仍繼續維持，應該要參酌其他民主國家之通例，隨時檢討，如果認有繼續維持之必要，亦應重視其實質意義，並斟酌就學有實際困難之人士（例如因身體或其他原因其接受學校教育顯較一般國民有難於克服之障礙者），由立法機關為合理的裁量，而作適當之規定。

而值得慶賀的是，在民國九十一年修正的公職人員選舉罷免法中，已經全面取消了參選人的學歷限制。所以，以後不論學歷高低，只要能獲得選民的認同，都有機會可以擔任民意代表，為民喉舌。

◎大哥不能參選？

依據公職人員選舉罷免法第三十四條的規定，犯內亂、外患、貪污、妨害投票罪，經判決確定的，都不能參與公職人員的選舉。

這樣的規定合理嗎？事實上，依據公職人員選舉罷免法的規定，除了上面幾種罪之外，如果犯其他罪的話，只要是執行完畢，縱使有前科，還是可以參選。例如殺人、強盜等，如果判決確定執行完畢，還是可以參選。

但反觀內亂、外患、貪污、妨礙投票等罪，縱使執行完畢，也永遠不能參選。造成殺人、強盜等重罪犯，只要執行完畢還是

可以參選，但是像貪污、妨礙投票等較不嚴重的罪，反而變得不可原諒，是否有失衡平，有待相關單位詳加研究。況且，現代資訊發達，候選人是否有能力擔任該項公職之職務，選民自會判斷，作出正確的選擇，實在是沒有必要一開始就限制這些內亂、外患、貪污、妨礙投票前科的人，不准他們參選。

題示，阿松因犯妨礙投票罪，依法不得選舉。阿松如認為公職人員選舉罷免法第三十四條的規定有違憲的情形，依法可以提出訴願，並提出行政訴訟，甚至聲請大法官解釋。

◎學生不能參選？

題示，阿德擬參選市議員，向選委會申請登記為市議員選舉候選人時，因仍具有在學學生身分，遭選委會依公職人員選舉罷免法第三十五條第一項第二款之規定，拒絕受理登記。阿德可以提出行政救濟嗎？

㈠提出行政爭訟有實益嗎？

因選舉程序由參選登記日至實際投票日往往時間相當短暫，提出行政爭訟後，恐怕連訴願決定都還沒有作成，選舉就已經選完了，如果提出行政救濟是否有實際上之意義？也就是說，縱使最後之結果准予參選，不過，恐怕早就選完了，不可能再重來一次。

實例上就曾有某研究所學生想參選立委，遭選委會拒絕受理登記而提起行政爭訟的例子。最高行政法院曾援引司法院院字第

二八一〇號解釋,「人民不服官署之處分,固得循訴願程序以求救濟,但於訴願決定時已屬無法補救者,其訴願為無實益,應不予受理。」也就是說,如果訴願決定作成的時候,根本已經無法補救,這樣子,訴願就沒有實際之意義,應該不用受理人民的訴願。

最高行政法院因此認為,該學生在八十七年十月二十一日向選委會申請登記為第四屆立法委員選舉之候選人時,因為還具有在學學生身分,選委會於是依據選罷法第三十五條第一項第二款:「現在學校肄業學生不得登記為候選人」之規定,拒絕受理登記。該學生不服,一再訴願。但是第四屆立法委員選舉候選人登記期間係自八十七年十月十六日起至八十七年十月二十一日止,八十七年十一月二十四日公告第四屆立法委員選舉候選人名單,八十七年十二月五日已舉行投開票完畢,也就是選舉已經在兩個月內舉辦完畢。而既然已經舉辦完畢,縱使最後結果認為選委會是錯的,應該准予該學生登記為候選人,選委會也不可能再受理該學生登記為第四屆立法委員選舉之候選人,顯屬無法補救,則他的訴願就沒有實益可言,不應受理。縱使,將原拒絕受理登記為候選人之處分撤銷,該學生亦已無可回復之法律上利益,依據司法院大法官釋字第二一三號解釋,也不許其提起行政爭訟。

但問題是,該學生在不定期之未來仍是學生身分,三年後如果再度參加立委選舉,仍面臨之相同問題,這樣難道還可以說是沒有訴訟的實益嗎?

針對這個問題,最高行政法院認為,該學生是否參與將來的公職人員選舉,屆時是否仍具在學學生身分,俱屬不確定,如果

現在給他行政救濟的話，也很難說對這個學生有什麼法律上的利益（最高行政法院八十九年度判字第一三五六號判決參照）。

最後，該學生聲請大法官解釋，司法院大法官在九十一年間作出第五百四十六號解釋，認為如果是性質上屬於重複發生之權利或法律上利益，人民因參與或分享，可以反覆行使之情形，不能認為這一次已經沒有實益，就排除人民行政爭訟之權利，還是應該認為有「實益」，因為對於下一次來說，還是有可能發生的。

因此，大法官認為，人民申請為公職人員選舉候選人時，因主管機關認其資格與規定不合，而遭拒絕，申請人不服提起行政爭訟，雖選舉已辦理完畢，但人民之被選舉權，既然是憲法所保障，且性質上得反覆行使，如果該項選舉制度繼續存在，則審議或審判結果對申請人參與另次選舉成為候選人資格的權利仍具實益，並非無權利保護必要，此類訴訟相關法院自應予以受理。

也就是說，阿德如果因為選舉資格爭議，縱使在這一次選舉來說，已經沒有意義，但對於下一次來說，還是有意義，因此，還是可以提出行政爭訟的。

㈡限制學生的參選資格合理嗎？

依據公職人員選舉罷免法第三十五條第一項第二款規定，現仍在學之學生不能作為公職人員之被選舉人。這樣的限制是否合理？

其實，仔細想一想，學生參與公職人員選舉，並未妨礙他人任何自由，亦根本與「緊急危難」或「社會秩序」無關，更非維

持二者所必須，而限制學生參選，亦無助於公共利益之增進，所以，限制學生參選公職，恐怕無法由憲法第二十三條獲得其合憲之基礎。

而且公職人員選舉罷免法第三十五條第三項，對於「現職公職人員再進修者，不受學生參選限制」之除外規定，也可以看出限制「學生」參選，恐怕與憲法第二十三條規定之四項要件無關，否則為什麼同樣具有學生身分，「專職」的學生不能參選，而屬於現職公務人員再進修的「學生」，就可以參選？恐怕是說不過去。

而在九十四年一月二十日，公職人員選舉罷免法第三十五條修正通過，其中，將學生及警察的參選限制取消。主要是因為隨著民主政治發展，限制學生參選的時空背景已不存在，所以將原先規定學校肄業、學生不得參選的限制刪除。另外，警察屬公務人員一環，基於平等原則及維護憲法保障的參政權，並無特別限制警察人員參選的必要，因此將原先限制警察及警校生參選的條文一併刪除。

參考法條

憲法第十八條、第一百三十條、公職人員選舉罷免法第三十四條、第三十五條、司法院大法官釋字第二九〇號解釋

二、輸不起的選舉?

某年總統大選期間,政府決定於大選投票日當天同時針對公共議題舉辦公投。

D黨總統候選人阿方,於投票前一天遊街造勢時遭到不明人士開槍射擊受傷。經媒體報導後,舉國譁然,紛紛譴責開槍施暴的歹徒。而政府也緊急啟動國安機制,但仍宣布大選照常舉行。反對黨K黨總統候選人阿元陣營聞訊後,也緊急停止當天所有的造勢活動,並致電D黨表示慰問。

而D黨支持者則趁機大作文章,以宣傳車散布是反對黨K黨結合敵國人士企圖暗殺D黨候選人之訊息。

開票結果,D黨總統候選人以不到百分之一的差距,贏得選舉。

K黨總統候選人阿元認為選舉不公,懷疑D黨作票,況且還製造假槍擊案,博取同情,且以違法的公投議題綁大選,並濫行啟動國安機制,妨害軍警人員投票,造成選舉結果不實。

阿元的主張有理由嗎?阿元該如何救濟?

◎「翻盤」訴訟?

選舉制度是民主國家透過投票選出行政首長或民意代表的制度。既然是選舉,當然是幾家歡樂幾家愁,有人選贏,有人選輸。選贏的當然是很高興,獲得選民的肯定,選輸的也不用難過,下次再接再厲就好。這原本也沒什麼大不了。

像二〇〇四年美國總統大選，依據選前民調，現任總統布希與凱瑞二人不相上下，選情空前激烈。投票結果出爐後，布希以59,133,003 普選票及 274 張選舉人票，領先凱瑞的 55,574,580 普選票及 252 張選舉人票。二人普選票差距約三百五十萬票，由布希勝選。而原先可能產生選舉爭議的俄亥俄州，一度以為二〇〇〇年的佛州選票爭議將再度上演，最後在凱瑞承認敗選，並且親電恭喜布希，呼籲美國人民要團結一致之下，以最小的成本決定了下一屆的美國總統，敗選的凱瑞，也展現了民主的風度。

　　但如果是選舉過程中，有違法的地方，造成選舉結果不實在，敗選的候選人還是可以依法提出救濟。例如，二〇〇〇年美國總統大選，也是透過法院解決了一場選舉紛爭。當時，布希與高爾得票率相當接近，依據開票統計結果，布希還以五十多萬普選票落後高爾，但卻因在佛州領先一千多票的普選票，而贏得佛州的選舉人票，贏得選舉。但因為在佛州雙方得票率實在太接近（2,909,315 比 2,907,351，相差 1964 票，僅 0.0299%），依據佛州法令，差距不到 0.5% 的話，是可以聲請重新計票。高爾陣營於是提出重新計票之要求，官司打到聯邦最高法院，驗票結果，雙方差距甚至縮小到五百多票，但高爾最後仍然接受了聯邦最高法院判決結果，接受敗選。這也是民主風範的展現，更是尊重法院的表現，值得喝采。

　　在臺灣，針對選舉結果，敗選的人如果不服氣，可以提出「選舉無效」以及「當選無效」兩種訴訟。前者的意思是，選舉主管機關（一般是指中選會，或各地方政府的選委會）辦理選舉有違

法之處，足以影響選舉結果的話，候選人可以提出「選舉無效」的訴訟；後者是指，如果當選的人，因為計算票數不實在、有強暴脅迫其他候選人等其他不是因為選舉機關之原因所造成之不正確的選舉結果，候選人可以提出「當選無效」的訴訟。

◎選舉無效之訴

依據總統副總統選舉罷免法（以下簡稱「正副總統選罷法」）的規定，選務機關辦理選舉，有違法的地方，足以影響選舉結果的話，檢察官或候選人，可以自當選人名單公告之日起十五天內，以選務機關為被告，向管轄法院提起選舉無效之訴（第一百零二條參照）。

選舉無效之訴是針對選務機關辦理選舉，有「違法」之處，而且還要「足以影響選舉結果」。

而提出訴訟的人必須是檢察官或是候選人。如果是候選人的支持者，也是不能代為提出這種訴訟的。

再者，提出的時間必須是當選名單公告後十五天以內提出，如果當選名單還沒有正式公告，就提出選舉無效之訴，恐怕會被法院以「程序不合法」而裁定駁回（因為不符合「名單公告之日起十五天內」的條件，參見臺灣高等法院九十三年選字第一號判決）。

而選舉無效訴訟，法院於受理案件後，應該在六個月內審理完畢並宣判。如果不服的話，還可以上訴最高法院，但是，不可以提出再審之訴。之所以規定法院必須在六個月內審理完畢並宣

判，而且不能夠提出再審之訴，是因為要讓爭議早日落幕，否則國政運作如果長期陷於不確定，將影響國家政局穩定，容易造成社會的動盪不安。

判決結果，有兩種情形。一種是原告之訴駁回，表示敗訴，選舉是有效的。另一種則是當選無效。

敗訴的一方可以上訴到最高法院，如果該次選舉被認定是無效確定的話，依正副總統選罷法的規定，如果是全部都無效的話，應該重新辦理選舉；如果是局部無效的話，就無效的區域應該重新辦理投票。

至於法院判決無效之前，已經由原當選人所為之所有職務上之行為並不會失效，還是當成有效，直到新的正副總統選出來，並就任後，由新選出的正副總統繼續執行職務。

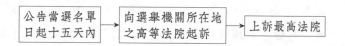

圖 5-2-1　選舉無效之訴的救濟流程

◎當選無效之訴

與前面所講的「選舉無效之訴」不同的，另有一種「當選無效之訴」。

㈠如果具有以下所講的情形其中一種的，候選人可以
當選人為被告，在公告當選日起三十天內提出當選
無效訴訟（第一百零四條參照）：

1. 當選票數不實，足認有影響選舉結果之虞的（例如，有效
   票認定為無效票，或無效票認定為有效票的）。

2. 對於候選人、有投票權人或選務人員，以強暴、脅迫或其
   他非法之方法，妨害他人競選、自由行使投票權或執行職
   務的。

3. 有第八十四條（要求對方棄選或接受棄選之行為）、第八十
   七條第一項第一款（對於團體或機構，假借捐助名義，以
   不正當利益，使其團體或機構的構成員，不投票或投給特
   定人）、第八十九條第一項（政黨在提名期間，對於黨內候
   選人有要求棄選或接受棄選的行為）或刑法第一百四十六
   條第一項（以詐術或其他非法之方式使投票發生不正確之
   結果或變造投票結果，就是俗稱的「作票」）等等行為的。

4. 有第八十六條第一項之行為（賄選行為），足認有影響選舉
   結果之虞的。

㈡另一種可以提起當選無效之訴的情形是「當選人之
　資格根本自始不符規定的」（第二十八條參照）。如果
　發現有這種情形的話，在公告當選後，至任期屆滿之
　前，都可以提出當選無效之訴（第六十七條參照）。

　　針對判決的結果，敗訴的一方同樣可以上訴到最高法院，但
不得提出再審。而且，法院判決無效確定之前，已經由原當選人
所為之所有職務上之行為並不會失效，還是當成有效。

　　如果經法院判決當選無效的話，有一種情形是不用重新選舉
的。這種情形是，如果依據法院認定的事實，候選人之得票數有
所變動導致影響當選或落選，這時候只要以法院認定之得票數重
新審定，並將原當選人之當選資格撤銷，而將原落選人重新公告
當選即可，就不用再重新投票或選舉。而重行公告的當選人，任
期至原任總統、副總統任期屆滿日止（第六十七條參照）。

　　當選無效之訴的訴訟流程可以圖示如下：

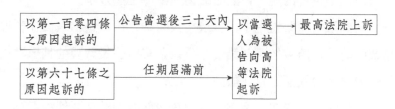

圖 5-2-2　當選無效之訴的訴訟流程

◎投開票完畢後，選務人員整理選票而包封選票錯誤，將總統票錯放入公投票包封內，會造成當選票數不實而影響選舉結果嗎？

　　K黨候選人阿元主張D黨候選人作票，有理由嗎？

　　「作票」，換成法律上的主張就是「當選票數不實」，可以依據第一百零四條提出「當選無效之訴」。當選票數不實，主要是統計票數有錯誤所導致。例如，依法應認定為有效票的，卻錯判為無效票，如果經過驗票屬實者，將導致票數增加；或者，應該認定為無效票，卻錯判為有效票的，經過驗票屬實的話，也會導致票數減少。這都會造成候選人的得票數不實，而可能影響選舉的結果。

　　另外，比較有爭議的是，因該次總統大選合併公民投票一起舉行，如果將「總統票」投入「公投票匭」，或者將「公投票」投入「總統票匭」的話，算是有效還是無效？

　　依據中選會的規定，上面的情形都算是無效票。

　　而如果是驗票過程中，發現在投開票之後，選務人員在整理選票的時候，將總統選票錯置在公投票箱或公投票袋的情形，這種情形會不會被認定是「無效票」呢？

　　雖然投開票之後，選務人員因疏忽而將總統選票錯放在公投票箱或公投票袋，但事實上，選票都是選務人員在總統選舉當日開票時從總統選舉票之票匭取出，則選舉人將總統選舉票依法投入總統選舉票匭，自屬「有效票」。不會因為嗣後選務機關開票的

先後順序，或者包封選票的程序違反中選會之規定而影響先前選舉人原來有效投票的效力。也就是，後來放錯，不會影響先前所作的有效投票（參見臺灣高等法院九十三年度選字第二號判決）。

　　再者，如果驗票結果確實有票數計算出錯的情形，原當選人是否就一定是當選無效呢？

　　這不一定，必須是票數計算錯誤而且導致選舉結果出現變化。也就是以「結果」來看。如果原先當選人的票數經過驗票之後，反而比較少，而敗選的一方票數增加了，但總的得票數還是原先當選的人比較多，這時候還是「當選有效」。因為不會影響整體的結果。例如，二〇〇〇年美國總統大選，布希依據原先開票結果領先高爾一千多票，高爾提出訴訟後，經過驗票，結果布希的票數減少，而高爾的票數增加了，但布希還是領先了五百多票，對於選舉結果並不會有所影響，這時候，布希的當選還是有效，雖然票數真的是短少了。

　　因此，阿元主張當選票數不實，如果經過驗票，當選者的票數確實有所不實，短少了，但如果不至於讓選舉的結果翻盤，原先的當選者，他的當選還是有效的。

◎用「公投綁大選」、「製造假槍擊案」、「槍擊案後作不實渲染」、「啟動國安機制」，算是以非法方法妨害他人競選或妨害有選舉權之人行使投票權嗎？

㈠「以非法方法妨害他人競選或妨害有選舉權之人行使投票權」是什麼意思？

依「正副總統選罷法」第一百零四條第一項第二款的規定，當選人對於候選人、有投票權人或選務人員，以「強暴、脅迫或其他非法之方法」，妨害他人競選、自由行使投票權或執行職務者，候選人得提起當選無效之訴。

由前面的規定可以知道，所謂「其他非法之方法」，由條文之立法沿革及立法理由，依文義及體系解釋，必須與「強暴、脅迫」的程度相當，足以使候選人、有投票權人或選務人員喪失意思自主權，才算構成這一條的規定。也就是說，假如在客觀上不足以使人發生意思決定自由受壓迫強制，而陷於不能不遵守的狀態，就不屬於「與強暴、脅迫程度相當」的非法行為。

㈡「公投綁大選」算是「與強暴、脅迫程度相當」的「非法行為」嗎？

K黨候選人阿元主張，D黨候選人利用「公投綁大選」的「非法方式」，妨害阿元競選，並妨害他人自由行使投票權，有無理由？

阿元主張 D 黨候選人在該次總統選舉中交付「防衛性公投」，並指定於總統選舉日同日投票之行為，與公民投票法第十七條第一、二項規定不符而屬違法。

　　但是，依據公民投票法第十七條規定，當國家遭受外力威脅，致國家主權有改變之虞，總統得經行政院院會之決議，就攸關國家安全事項，交付公民投票。前項之公民投票不適用第十八條關於期間之規定及第二十四條之規定。

　　也就是說，當國家遭受外力威脅，國家主權有改變之虞，政府可以提案將攸關國家安全事項交付公民投票。而且以這種理由交付公民投票的，不適用第十八條關於提案程序期間、舉辦辯論會等繁瑣的程序規定，以及第二十四條關於公告期間及決定投票日的期間規定。

　　之所以不適用公民投票事項提案程序的時間規定、舉辦辯論會的規定、以及公告投票案時間的規定、決定投票時間的規定等等，無非是考量這種攸關主權恐遭外力變更，而必須以公民投票就攸關國家安全事項予以決定，有時往往因為時間急迫，無法等到依據正常流程進行完畢，而必須緊急作出公民投票，所以，才例外不適用正常的公告程序等規定，並不是說這種「防衛性公投」就不可以合併全國性選舉一併舉行。

　　阿元主張防衛性公投依據公民投票法第十七條規定，不適用第二十四條規定，所以不能合併在全國性選舉中一併舉行，恐有所誤解。因為，如果公民投票合併在全國性選舉中舉辦，可以降低成本，便利民眾投票，實在想不出防禦性公投不能在全國性選

舉中一併舉辦的理由。像二〇〇四年美國總統大選中，全國就有
一百多項的公民投票案同時舉辦，顯然這是國際性的趨勢，不足
為奇。

另外，公投合併在總統選舉中舉行，算是「與強暴、脅迫程
度相當」的行為嗎？應該不算，因為這根本與「強暴、脅迫」的
程度差得太遠，在客觀上也不足以使投票的人發生意思決定自由
受壓迫強制，而陷於不能不投給某位候選人（D黨候選人）的狀
態，因此，阿元的主張沒有道理。

㈢「假造槍擊案」算是以非法方法妨害他人競選或妨害有選舉權之人行使投票權嗎？

K黨候選人阿元主張，D黨候選人利用自導自演的「槍擊事
件」，以非法方法妨害原告競選及有投票權人自由行使投票權。

依據正副總統選罷法第一百十二條規定，準用民事訴訟法。
因此，K黨候選人阿元應該要證明有所謂「假槍擊事件」的發生。
如果無法證明，讓法院相信有自導自演的槍擊案，阿元的主張就
不成立。

而相關之科學鑑定報告，認為傷口與彈道比對吻合，而傷口
也是槍傷造成。而槍擊案究竟係自導自演、他導他演或偶發事件、
選舉乘勢而為，都不能排除。因此，還不足以證明槍擊事件是自
導自演。也就是說，K黨候選人阿元主張槍擊事件是對手自導自
演，難以認為已經盡到讓法院達成確信的舉證責任。所以，阿元

無法證明槍擊案確實是假造。

　　而同樣的，縱使有「自導自演」的槍擊案，這是不是達到所謂「等同於強暴、脅迫的程度」，而足以使候選人、有投票權人或選務人員喪失意思自主權，而非得將票投給特定候選人不可的程度？恐怕槍擊事件的發生，也沒有使選民及候選人之意思決定自由受到壓制，而達於不能不投給 D 黨候選人的狀態。因此，應該也不算是這裡所說的「非法方式」。

㈣槍擊案後作不實渲染，扭曲或隱匿事實，使阿元誤認對手受傷極嚴重，而取消晚間的造勢活動，算是以「非法方法」妨害他人競選或妨害有選舉權之人行使投票權嗎？

　　至於 K 黨候選人阿元主張，因為無法獲得正確資訊，在社會輿情壓力下，不得不取消既定之造勢活動，競選活動遭到非法妨礙。

　　但是依據阿元的主張，縱使因為資訊不足，而考量輿情及民意反應後，決定不採攻擊對手的負面文宣，而調整改變競選戰略停止造勢晚會，以期獲得選民認同，這也很難說是受到對手壓制導致喪失自由意志。況且，阿元陣營後來還是改變宣傳戰略，當晚在競選總部召開記者會改採「質疑槍擊事件真假」的負面文宣方式，也可以看到阿元陣營，並沒有喪失有關競選方式的自由決定權。因此，並無任何非法可言。

㈤ D 黨競選陣營之地下電臺及宣傳車助長不實流言的
散布，並誤導槍擊事件為 K 黨與敵國聯手策劃的國
家安全事件，而配合統獨議題的競選手法，算不算是
以「非法方法」妨害他人競選或妨害有選舉權之人行
使投票權？

　　因為正副總統選罷法第一百零四條第一項第二款，是針對「暴
力選舉」而作的規定，並不會及於選舉活動中「抹黑」、「抹紅」
等不當手段，所形成的不公平競爭行為。

　　縱使有印發懸掛抹黑、抹紅文宣的行為，既然沒有對於其他
候選人或選民施以任何「強暴、脅迫」行為或「相當於強暴、脅
迫」的非法方法，而且選民對於競選海報文宣，並不是都會詳細
觀看，縱使有詳細觀看，也不一定因此必然決定投票給競選海報
宣傳的候選人。

　　因此，阿元主張對手以文宣海報內容操縱族群、統獨議題等，
縱然確實有這種狀況，也不是現行法令所規定的妨害競選及妨害
有投票權人自由行使投票權之非法行為，因此，也並不會構成當
選無效的事由。

㈥啟動「國安機制」算不算以「非法方法」妨害原告競選，或妨害部分有投票權之軍、憲、警等人員自由行使投票權？

所謂「國安機制」指的是政府高層在「國家遇有重大變故或突發狀況」，要求各相關單位各依原有之應變計畫與準備作為，以因應狀況之危機處理程序。

如果各相關單位本來就已經依權責各自作應變措施，那麼，所謂啟動國安機制，只是具有宣示政府相關單位已經各自依據權責，採取因應措施，用以穩定社會，安定民心的宣示性效果而已。

K 黨候選人阿元主張，因啟動國安機制，增加留守人員，造成原先可以回鄉投票的軍、警、憲人員，無法行使投票權，已經妨害這些人投票的權利。

首先，在槍擊案發生後，政府啟動所謂「國安機制」，是否合法？因為，D 黨候選人剛好是現任國家元首，在掃街拜票時受傷，當時狀況不明，如果說這算是「國家遭遇突發狀況」，合情合理。

況且，國安機制的啟動，國防部表示，國軍的留守人數，國防部已依所頒重點戒備時期的規定執行，事實上也沒有因槍擊案而增加軍、警、憲人員的動員人力。阿元的主張，並沒有道理。

◎用「公投綁大選」、「製造假槍擊案」、「槍擊案後作不實渲染」、「啟動國安機制」，算是以詐術或其他非法方式，使投票發生不正確結果的行為嗎？

㈠什麼是「以詐術或其他非法方式，使投票發生不正確結果的行為」？

有兩個條件：就是「以詐術或其他非法方式」，還要是「使投票發生不正確的結果」。

1.所謂「詐術」，是指使用欺罔手段，使人陷於錯誤；而所謂「其他非法之方法」，是指除詐術外，其他一切非法律所允許的方法。

2.另外，「使投票發生不正確之結果」的意思，是以非法的方法，使投票的結果，與事實不符。

而所謂「非法之方法」，並不是所有足以造成民意無法反映的行為都構成這裡所說的「非法方法」。這要從法律規定的目的來講，因為「妨害投票結果正確罪」，所保護的法律利益是「國民參政權的正當行使」，也就是「選舉的正確性」，目的在透過選舉正確性的維護，以促進民主政治的發展。

所以，這條規定含有使具有選舉權的公民，能本於自由意志依其價值理念、情感認同（例如本省、外省等）、政治偏好（例如統獨問題）等，作成自主性決定。這包括「是否投票」及「投票

給誰」的決定自由，因此，禁止非法取得選舉權、或使選舉結果不正確或改變選舉正確的結果。

因此，假如選民對於是否投票及投票對象，並沒有喪失自由決定權，候選人縱使使用各種選舉花招，即使是不堪、不入流的選舉花招，並不能全然操控左右選民的投票結果。如果是這樣，就很難以認定選民所表達的不是真實的民意，亦難認為選舉投票的結果與事實有什麼不符的狀況。

(二)以「公投綁大選」算是用非法方式，使投票發生不正確結果嗎？

K 黨候選人阿元認為，D 黨候選人將自己的立場與「反飛彈」、「護臺灣」等公投議題同一化，以爭取選民認同，導致選舉人投票的結果，發生不正確的結果，有理嗎？

依據統計，該次總統大選計票結果，D 黨陣營獲得 647 萬票，而 K 黨陣營獲得 644 萬票。而領取公投票的大約有 745 萬人。其中，公投第一案，同意票有 650 萬票，比雙方陣營的得票數都來得多；而公投第二案，同意票 631 萬票，比雙方陣營的得票數都來得少。

由以上的統計可以知道，根本無法得出一個結論，就是說，領取公投票的人（比雙方得票各多出約一百萬人），或對公投提案投同意票的，在總統副總統選舉均投給 D 黨候選人。也就是說，領取公投票的，或對公投提案投同意票的，亦有於總統副總統選

舉投給 K 黨候選人阿元。

因此，無法證明總統大選同時舉辦公民投票，會改變選民的投票對象或改變選民是否投票意願，而導致總統選舉的投票結果發生不正確的狀況。

㈢以「假槍擊案」算是用非法方式，使投票發生不正確結果嗎？

K 黨候選人阿元主張，其選前民調遠高於 D 黨候選人，因為「假槍擊案」導致投票發生不正確之結果，有理嗎？

前面已經講過，依據鑑定報告無法排除這是一樁暗殺事件，阿元也無法證明是所謂「自導自演的假槍擊案」，因此，這種主張無法證明。

另外，選前之民意調查，僅就部分選民抽樣問卷或電話訪問調查，屬於「預測性質」，其結果與選民在投票日所為的投票未必相符。

而所謂「選舉局勢」發生改變，並非使「選舉結果」與投票事實不符而發生不正確的結果，縱使「槍擊案」造成民意支持度的變化，也不能說是選舉結果發生不正確。

因槍擊事件真相未明，或許有人因相信「槍擊案」為真，而投同情票；但也有部分堅指是自導自演苦肉計的選民，衡情不可能投票給 D 黨候選人，而因對槍擊事件有所質疑，而改變原投票意向改投 K 黨候選人，也不是不可能存在。所以很難認為槍擊事

件已使選民的意思決定自由受到壓制，而達到不能不投票給 D 黨候選人的狀態。

總而言之，該次總統選舉，選民仍然是依據自身的自由意志及判斷力決定投票與否及投票對象，並不會使投票發生不正確的結果。

㈣以「槍擊案後作不實渲染」算是用非法方式，使投票發生不正確結果嗎？

姑且不論地下電臺及宣傳車宣傳「K 黨陣營聯合敵國企圖暗殺 D 黨候選人」等等，是受 D 黨候選人指使，這種情形屬於負面文宣（不論抹紅、抹黑，甚至不入流），必須承受選民個別本於自由意志判斷宣傳可信度後而所產生的預期，或是反彈效果，也就是說，因此反而決定改投 K 黨候選人的，也有很多。因此，難以認為有選民的自由意志遭壓迫而喪失的情形，就難以認定選舉人投票的結果，與事實有什麼不符。

㈤啟動「國安機制」算是用非法方式，使投票發生不正確結果嗎？

如前所述，該次投票日國軍的留守人數，國防部早已依規定執行，與是否有槍擊案發生根本無關。國防部、警政署、海巡署並未因行政院長所宣示啟動國安機制，而更增加留守或輪值待命人數，已如前述。則 K 黨候選人阿元主張 D 黨候選人藉由啟動國

安機制，妨害部分國軍、警察、海巡人員自由行使投票權，造成投票之結果不正確，就沒什麼道理（以上參見九十三年度臺灣高等法院選字第二號判決）。

 參考法條

　　總統副總統選舉罷免法第二十八條、第六十七條、第八十四條、第八十六條、第八十七條、第八十九條、第一百零二條、第一百零四條、第一百一十二條、刑法第一百四十六條、公民投票法第十七條、第十八條、第二十四條

第 **6** 章

環保篇

一、小廣告與傳單——可以亂貼、亂發嗎?

　　A 市公所環保稽查人員於該市中正路與中山路交叉口之牆上，發現「夢幻巴黎」售屋廣告數紙，當場拍照存證，並依廣告上刊載之電話號碼「0912-345678」，循線查知為王大偉所租用，於是以大偉的行為違反廢棄物清理法第二十七條第十款之規定予以告發，並處罰新臺幣二千四百元。但王大偉甚感莫名，他根本沒有去辦這支電話，他該如何尋求行政救濟呢?

　　B 市公所環保稽查人員於該市中山路前之圍牆上，發現任意張貼「羅菲菲舞蹈學苑」廣告紙之廣告一張，於是也拍照存證，循線查得該廣告上所刊「02-23456789」之聯絡電話為羅菲菲所租用，乃裁處新臺幣三千六百元罰鍰。而羅菲菲自國外歸國後，只由其及朋友在某夜市附近散發傳單而已，不知為何會貼於牆上，也從未使用任何黏劑張貼廣告，羅菲菲如何救濟?

◎亂貼小廣告可以嗎?

　　走在路上，我們常常可以看見各式各樣的小廣告張貼在牆上、電話亭、電線桿等地方，實在是有礙觀瞻。

　　依據廢棄物清理法第二十七條規定:「在指定清除地區內嚴禁有下列行為: ……十、張貼或噴漆廣告污染定著物。」違反的話，依據同法第五十條的規定，可以處罰新臺幣一千二百元至六千元之罰款。而「指定清除地區」是指執行機關基於環境衛生需要所

公告指定地區（同法第三條參照），大抵而言，一般市區都算是。至於「定著物」是指固定的東西，例如電線桿、電話亭、牆壁等。

　　而小廣告上一般都有聯絡電話，所以主管單位很容易依照上面的電話號碼找到亂貼小廣告的人。一般環保人員就是依照電話找到這個亂貼的人。

　　依據行政院環境保護署的函示，為了維護市容觀瞻，加強取締違規小廣告，依廣告上刊登之電話號碼，舉發電話所有人，如電話主不是污染行為人時，請其舉證再據以告發處罰（八十四年五月十一日行政院環境保護署廢字第二一五七六號函參照）。

　　所以，依據前面的函示，原則上行政機關是可以直接針對電話號碼之所有人告發處罰。但如果電話號碼的所有人並非張貼之人，又該如何？這時，可以由電話號碼所有人主動提供實際張貼的人的資料，經查證屬實的話，就改罰實際張貼小廣告的人。

　　另外，如果小廣告上的聯絡電話是遭冒用的話，又該如何？依據最高行政法院的看法認為：對於違規張貼廣告之行為，加以處罰，如果不是張貼時當場逮到，行政機關要依照廣告上所寫的連絡方式加以處罰，必須先查證，是否該廣告是以該連絡方式達到廣告的效果，才算是盡到查證的責任。否則，行政機關直接以該連絡方式之名義租用人，作為違規張貼廣告的行為人，而加以處罰，就是違法（最高行政法院八十九年度判字第二七三四號判決參照）。

　　因此，行政機關要就違規張貼廣告上之電話所有人予以處罰，應確實查知而認定該電話租用管理人，就是違規張貼廣告之行為人，至少應證明該連絡方式之管領人確係其本身所租用，而非他

人冒名租用，才算是善盡行政機關作成處罰性行政處分之「舉證責任」（臺北高等行政法院九十二年度簡字第五七三號判決參照）。

　　題示，王大偉事實上並沒有去申辦這支電話，後來查出這支電話是王大偉身分證遺失的期間，遭人用來申辦預付卡。因此，行政機關不能處罰王大偉。

◎散發傳單可以嗎？

　　前述張貼小廣告是不可以的，如果不用張貼的方式，而散發廣告傳單可以嗎？大家常在車站或熱鬧的路口，收到各式各樣的廣告傳單（還有的會附面紙包）。散發傳單是可以的（除非傳單的內容是違法的，例如色情廣告傳單，侮辱他人、毀謗他人的傳單等等）。目前廢棄物清理法並無處罰單純散發傳單之行為（至於一般民眾收到廣告傳單後，隨意丟棄，那是另一回事）。

　　題示 B 市公所環保人員查獲印有「羅菲菲舞蹈學苑」之廣告單，並由廣告單上的電話，查出是羅菲菲的電話。雖然，羅菲菲辯駁只有在夜市附近散發傳單而已，而散發傳單雖然是廢棄物清理法不處罰之行為，但法院認為查獲張貼小廣告之地點與羅菲菲所說的夜市及舞蹈學苑之營業地址相近，廣告傳單之內容又是宣傳推廣羅菲菲之舞蹈學苑，以一般經驗法則而言，應可合理推定為羅菲菲之利益所為，加以羅菲菲也不能舉證證明該廣告單是他人所張貼，因此，還是要處罰羅菲菲。

參考法條

廢棄物清理法第四條、第二十七條、第五十條

二、我家的冷氣不滴水？

　　小明家的冷氣每晚開啟時，總是發出很大的聲響，還滴滴答答的滴在樓下的屋頂上，導致鄰居睡眠受到干擾，因此，鄰居向環保局檢舉。小明家會被處罰嗎？

◎冷氣滴水，會被處罰嗎？

　　冷氣不滴水，不再只是廣告商的廣告詞，從民國九十三年六月一日起，冷氣如果滴水的話，最高將會被處罰新臺幣六千元的罰款。

　　雖然廢棄物清理法並未直接規定「冷氣滴水」要處罰，但是在該法第二十七條第十一款規定處罰「其他經主管機關公告之污染環境行為」。環保署就是依據這一款，公告「冷氣滴水」為污染環境行為，並規定建築物或土地定著物冷氣機的冷凝水或冷卻水，未經適當排水管道排除，而「直接」或「間接」滴落地面，就要依據同法第五十條規定處罰新臺幣一千二百元至六千元。

　　什麼情況會被處罰？幾種常見之狀況如下：

　1.冷氣沒有接管，冷氣之冷凝水直接滴落地面。

　2.雖然接了冷凝管，但是管子竟然懸在半空中，水還是直接滴到地面，或是水經過冷凝管，沿牆壁直接流到地上，這都不可以。

　3.接管後，將水管直接放在人行道上，讓水蔓延在地面上，

這也不可以。

真正合乎不罰的標準是，地面上不能有水漬出現。

另外，如果冷氣機沒有接管，但是沒有開機使用，由於沒有「滴水事實」，因此並不取締。另一種情形，汽車的冷氣導致滴水，這也不會被處罰，因為只處罰建築物及其他定著物，汽車不是定著物。那路旁貨櫃屋的冷氣滴水要不要罰呢？恐怕也是要。

◎冷氣太吵，會被處罰嗎？

另外，除了冷氣的滴水問題，同時也要提醒大家，冷氣機的馬達聲音也不能太吵，否則也有受罰之虞。依據噪音管制法第七條規定：「噪音管制區內之左列場所、工程及設施所發出之聲音不得超過噪音管制標準：……六、其他經主管機關公告之場所、工程及設施。」以臺北市住宅區為例，半夜期間如果冷氣聲音超過五十分貝時，將依噪音管制法第十五條第一項第五款處以新臺幣三千到三萬元的罰款。

參考法條

廢棄物清理法第二十七條、第五十條、噪音管制法第七條、第十五條

三、污染水源？ ——證據拿出來

欣欣公司乃營造公司，經民眾向主管機關陳情有污染環境情形，縣政府環境保護局於是派員前往欣欣公司位於山區之工地預拌混凝廠稽查，經發現該廠施工中有「污水排放於地面，水體並流入水源地」之情形，認為欣欣公司於未經許可之放流口逕行排放廢水，違反水污染防治法第十八條以及事業水污染防治措施及排放廢（污）水管理辦法第五十二條規定，於是依據水污染防治法第四十六條規定，罰鍰六萬元。但欣欣公司認為該水並非「污水」。

又欣欣公司位於另一處工地之施工所，施工中「廢水未經處理即排入水污染管制區，污染河川溪流」，違反水污染防治法第三十條第二款規定，縣政府於是依據水污染防治法第五十二條規定，處罰鍰三萬元。但欣欣公司也認為其並無棄置任何「污泥」。

欣欣公司不服，如何提出救濟？

◎如何提出救濟？

依據訴願法第四條之規定，不服縣政府之行政處分者，向中央主管之部會署提起訴願。而水污染防治法第三條規定中央主管機關為環保署。因此，如果欣欣公司不服縣政府之裁罰決定，應向行政院環境保護署提出訴願。如仍不服，則向縣政府所在地之高等行政法院提出行政訴訟，如仍不服可向最高行政法院提出上訴。相關流程可以圖示如下：

圖 6-3-1　　不服環保處罰的救濟流程

◎污水未經許可之排放口排放，而直接排放至地面，可以嗎？

　　政府為了使美好的環境不受事業污水之破壞，因此制定了水污染防治法。而最常見的水污染情形就是污水任意排放至地面，沒有經由許可之排放口排放，造成周遭環境之污染。

　　依據水污染防治法的規定，事業體應該採行水污染防治措施（第十八條參照），而就事業體應採用如何之防治措施，相關之具體事項則委由主管機關制定「事業水污染防治措施及排放廢（污）水管理辦法」（以下簡稱「該辦法」）加以規範。該辦法第五十二條規定，廢（污）水之排放應以主管機關許可之「放流口」排放，否則，依據水污染防治法第四十六條規定，處六萬元以上，六十萬元以下之罰鍰。

㈠什麼是「污水」？

　　所謂「污水」是指什麼？達到如何標準者，才算「污水」。依據水污染防治法之規定，應該是指未達到各事業類別所規定之「放流水標準」（水污染防治法第七條參照）。

㈡行政機關裁罰人民，要拿出證據喔！

　　題示，欣欣公司因遭民眾檢舉排放污水至地面造成環境污染，縣政府人員也不負民眾期望，開了張罰單給欣欣公司，也算有所交代。

　　可是當時欣欣公司是否確實將「污水」排放至地面？採樣檢測之「污水」是否達到環保署所公布之放流水標準，而構成所謂「污水」？如果無法證明欣欣公司有排放污水至地面的事實，或者證明排放之水，就是未達排放標準之「污水」，是根本不能加以裁罰的。依據最高行政法院的判決，認為「行政官署對於人民有所處罰，必須確實證明其違法之事實，倘所提出之證據自相矛盾不能確實證明違法事實之存在，其處罰即不能認為合法。」（最高行政法院三十二年度判字第十六號判例參照）

　　但縣政府人員裁罰當日至現場，只針對遭檢舉地點與河岸距離作目測，並未實際「測量」（因為所謂「測量」應使用科學儀器，才得謂「測量」），這根本不能以作為認定欣欣公司確有污染地面之依據。

　　而且遭檢舉之違規事實（排放污水至地面），依縣政府原先處分書記載乃「未以核准之放流口排放廢水」，根本與距離河岸之距離多少沒有任何關係。

　　何況縣政府人員於裁罰當日所拍之三幅照片，也看不出欣欣公司有排放污水之情形，毫無任何明確之證據，足以證明以未經許可之放流口排放污水之事實。

這種狀況，法院認為縣政府沒有提出當時之污水或廢水採驗報告，無法證明欣欣公司有排放污水至地面的情形，而判決縣政府敗訴（臺北高等行政法院八十九年度訴字第二○一八號判決參照）。

◎廢水沒有處理，就直接排入水污染管制區的河流或沿岸一定範圍之內，可以嗎？

　　另一種常見的水污染狀況，就是在水污染管制區內，將垃圾、污泥、建築廢料等，棄置在水體（河流、水溝等）內，或水體沿岸一定距離之內，這往往也很容易導致水源的嚴重污染。甚至壅塞河床，造成上游山區大雨，下游地區淹水、潰堤等危害居民生命財產安全的情事。

　　依據水污染防治法的規定，「在水污染管制區內不得有下列行為：……二、在水體或其沿岸規定距離內棄置垃圾、水肥、污泥、酸鹼廢液、建築廢料及其他污染物。」（第三十條參照）違反規定者，將處罰三萬元以上，三十萬元以下的罰鍰（第五十二條參照）。

　　有問題的是，所謂「沿岸規定距離」是多少？「污泥」的濃度要到達多少才算「污泥」？其實，都沒有進一步的解釋，往往造成民眾或事業單位無所適從。

　　題示，欣欣公司認為縣政府所說的違反水污染防治法第二十八條：「……在水體或其沿岸規定距離內棄置垃圾、水肥、污泥、酸鹼廢液……」「在水體或其沿岸規定距離內……」，所稱「規定距離」為何？凡此，縣政府都未告知任何法律上之標準。

　　法院則認為縣政府沒有提出任何證據，包括照片、污泥之標準、規定距離之標準，實際測量之數據（只有目測之數據）都沒有，而判決欣欣公司勝訴（同一個判決參照）。

　　水污染防治法第十八條、第三十條、第四十六條、第五十二條、事業水污染防治措施及排放廢（污）水管理辦法第五十二條

第 **7** 章

交 通 篇

一、繳清罰單，才能換照？

　　小君以郵政劃撥方式，就牌照號碼為 ABC-123 之機車，向監理站辦理通信換發行車執照，監理站竟以「因該機車尚有違規案件罰鍰未予結清」、「須結清該車所有違規案件罰鍰後，始可辦理換發行車執照事宜」。小君因未結清違規案件，監理站將小君換發行車執照所繳費用退件，待補正後另予辦理，拒絕發給行車執照。小君如何提出行政救濟？

◎如何提出救濟？

　　依據訴願法第四條之規定，不服中央部會行處局署所屬機關之行政處分者，應向中央各部會局處行署提起訴願。而各地區之監理所（站），均為交通部公路局之下屬單位，因此，應向交通部公路局提出訴願。因此，如果小君不服監理站關於否准換發行車執照之決定，應向交通部公路局提出訴願。如仍不服，則向監理所（站）之所在地之高等行政法院提出行政訴訟，如仍不服可向最高行政法院提出上訴。相關流程可以圖示如下：

| 遭監理站否准 | → | 向交通部公路局提出訴願 | → | 向高等行政法院提出行政訴訟 | → | 向最高行政法院提出上訴 |

圖 7-1-1　不服監理站拒發行車執照的救濟流程

◎監理站以罰單未繳為由，不准換照，可以嗎？

相信大家都有這種經驗，行車執照到期了，於是到監理站申請換發，結果監理站的人卻告訴你，「你，還有兩張罰單一共七千二百元沒有結清，要結清才可以換」。你沒有辦法，因為想到如果不換行車執照，警察臨檢時，查出沒有按時換照，又得吃上另一張罰單，只好乖乖地去繳錢。問題是，監理站這樣做的依據何在？這種做法是不是合法？

㈠不准換照的依據

依據道路交通安全規則的規定，機車的行車執照每二年換發一次，從原發照之日起算，期滿前後一個月內必須申請換領新照，始得行駛（第十四條參照）。而機車的所有人或駕駛人，違反道路交通管理事件，還沒有結清的，公路監理機關在機車所有人或駕駛人辦理各項登記或換發號牌、執照時，應請其就違規案件先予結清（違反道路交通管理事件統一裁罰標準及處理細則第四十四條第二款參照）。而這些規定都是依據道路交通管理處罰條例第九十二條的授權，由交通部自行規定。

另外，交通部自行頒布的各區監理所（站）辦理汽、機車通信作業手冊也規定：「一、汽車、機車行照換領……（四）審核：1.機車——清查稅、費、違規。……3.不符者退請補正……」。

(二)這樣的規定合理嗎?

首先,「行車執照」是國家就「交通工具」(如機器腳踏車、汽車、大客車等)本身所作之管理而核發。行車執照核發或換發與否,應該是以交通工具本身之狀況為考量(如是否通過排氣檢測、是否超過使用年限、煞車系統是否合乎標準等交通工具安全性),以決定是否核發或換發。而非以其他不相關聯之因素加以考量(如以交通工具之所有人是否有闖紅燈、未戴安全帽等違規罰單未繳等因素)。因為闖紅燈、未戴安全帽或其他違反交通法規之案件,皆為駕駛者之駕駛行為所致,與交通工具本身並沒有任何關係。

對於未繳交罰鍰的人,為迫使其繳交,應透過「行政執行」之方式來作,始為正途,而非以此種拒絕發給行車執照之方式,迫使未繳交罰鍰的人繳交,否則,不啻使行政執行之制度形同虛設,而使行政機關得以「管理需要」之名,而行侵害人民權利之實,對人民權益毫無保障。

1.逾越道路交通管理處罰條例第九十二條規定,不生效力?

所以,針對這種「繳清罰單,才能換照」的做法,最高行政法院也認為是不對的。因為機車的所有人或駕駛人違反道路交通事件之罰鍰不繳納的,道路交通管理處罰條例本身就有規定遲不繳納的處罰方式(該法第六十五條參照),除依該法相關規定辦理外,應該沒有拒絕辦理各項登記或換發號牌、執照之餘地,否則不就等於加諸人民法律規定所沒有的限制。

　　雖然道路交通安全規則第八條有「汽車牌照包括號牌、行車執照及拖車使用證，為行車之許可憑證，由汽車所有人向公路監理機關申請登記，經清繳其所有違反公路法與道路交通管理處罰條例規定之罰鍰及未繳納之汽車燃料使用費並檢驗合格後發給之。……」之規定。

　　但是，如果說，汽車所有人沒有繳清罰單之罰款，就不得換發行車執照，那麼，另依據同規則第十四條「汽車行車執照、拖車使用證每三年換發一次，機器腳踏車行車執照每二年換發一次，自原發照之日起算，期滿前後一個月內，須申請換領新照始得行駛。」之規定，汽機車所有人在使用執照期滿後，等於就不可以使用這部汽機車，如此顯然已經逾越了道路交通管理處罰條例之規定。

　　再說，道路交通管理處罰條例既然已經就不繳罰鍰的人，訂有如何處理之明細條文（第六十五條），就應該沒有授權交通主管機關另外針對這種情況再作規定之必要，所以「道路交通安全規則第八條」有關罰鍰繳清後才可以發給行車執照的規定，已經逾越道路交通管理條例第九十二條的授權範圍，應該無效（最高行政法院九十年判字第一七〇四號判決參照）。

　　由於先前有許多民眾針對這樣的情形提出訴訟，並獲得勝訴判決。因此，交通部後來竟提案，並由立法院增訂通過道路交通管理處罰條例第九條之一（九十一年七月三日），明文規定：「汽車所有人或駕駛人應於向公路監理機關辦理汽車檢驗、各項登記或換發牌照、執照前，繳清其所有違反本條例尚未結案之罰鍰。」

即便如此，這種「繳清罰單，才能換照」的做法，仍有違反「不當聯結禁止原則」的問題（詳下述）。

　　2.「不當聯結禁止」原則？

　　所謂「不當聯結禁止」原則，是指行政機關行使公權力、從事行政活動的時候，不得將不具事理上關聯的事項與其所欲採取的措施或決定相互結合。尤其，行政機關對人民課以一定的義務或負擔，或造成人民其他的不利益時，其採取的手段與所欲追求的目的之間，必須存有合理的聯結關係，若欠缺這種聯結關係，行政機關所採用的行政行為就不合法。

　　汽機車行車執照須在一定期限內換發，主要目的在於掌握汽機車狀況，以確保汽機車行駛品質，進而維護人民生命、身體、財產法益；而不繳納罰鍰，所涉及的是行政秩序罰的執行問題，所以換發汽機車行車執照，與汽機車所有人違規罰鍰沒有清繳，根本欠缺實質上的關聯，所以，二者不得相互聯結，前開道路交通安全規則第八條以及道路交通管理處罰條例增訂之第九條之一，有關罰鍰繳清後才發給行車執照之規定，是違背「不當聯結禁止」原則的(最高行政法院九十年判字第一七〇四號判決參照)。

參考法條

　　道路交通安全規則第八條、第十四條、道路交通管理處罰條例第六十五條、第九十二條

二、紅燈右轉被開單，怎麼辦？

阿憲開車行經臺北市中山北路與劍潭路口時，因紅燈違規右轉，且未隨車攜帶駕駛執照及行車執照，警察於是開單予以舉發。阿憲認為當時是黃燈，他加速右轉並沒有不對，而且因先前皮包遭竊賊偷走，放在皮包內之行車執照及駕駛執照都跟著被偷了，也不能怪他。阿憲該怎麼辦？

◎如何提出救濟？

不服行政機關所作成的行政處分，如同前面所提到的，一般是以提出訴願以及行政訴訟之方式尋求救濟。但針對交通罰單，依據道路交通管理處罰條例之規定，另有特殊的救濟方式，如果沒有依照規定之方式尋求救濟，貿然提出訴願及行政訴訟，將遭到敗訴判決，到時可就投訴無門了！

相信大家都有這樣的經驗，闖紅燈或未帶駕照等原因，而遭警察逮到，當場開出告發單（違反道路交通管理事件通知單，道路交通管理處罰條例第九條參照），或者，收到超速的照片及告發單，該怎麼辦呢？

依據道路交通管理處罰條例的規定，民眾如果接獲「違反道路交通管理事件通知單」（俗稱之告發單或舉發單），無論是當場開單或照相後郵寄的，可以在接獲此種通知單後十五天內，自認倒楣，向通知單指定之處所繳納最低額之罰款，就算結案（第九

條參照）。

如果不服舉發事實的話，應該在十五天內向處罰機關陳述意見，並在指定時間至裁決所聽候裁決（如果相應不理，也不到裁決所聽候裁決的話，還是可以直接裁決），不過，罰款可能就比前述直接繳納來得高了（第九條參照）。

等到裁決所的裁決下來之後，如果仍然不服，民眾可以在接獲裁決書後二十天內，經由原處罰機關，向管轄之地方法院聲明異議（處罰條例第八十七條第一項、道路交通案件處理辦法第十三條參照）。法院受理後，應以裁定作出撤銷原處分或駁回異議之結果。

如果對於法院的裁定不服的話，還可以提出抗告（第八十七條第三項參照）。

整個程序可以圖示如下：

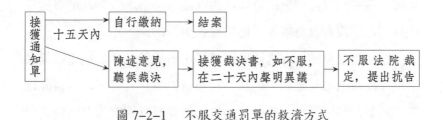

圖 7-2-1　不服交通罰單的救濟方式

◎紅燈右轉違反哪一條規定？

大家應該都知道，行經十字路口，如果遇到紅燈，就要停下來，不可以向前通行，否則就是闖紅燈。很多人都以為闖紅燈就

是遇見紅燈還往前走，可是事實上，遇見紅燈時，不但不可以往前通行，也不能右轉或左轉或迴轉，否則都算是闖紅燈。依據道路交通管理處罰條例第五十三條之規定，汽車駕駛人行經有燈光號誌管制的交岔路而闖紅燈的話，將處以一千八百元到五千四百元之罰鍰。

題示，阿憲的情形，是遇見黃燈加速右轉通過，這樣算不算「闖紅燈」？依規定，駕駛人在抵達停止線前就已經亮黃燈的話，是不能通過停止線的，否則應該就算闖紅燈。

如果駕駛人通過停止線才亮黃燈的話，則應該儘速通過路口，以免影響橫向車道之通行，如果是這種情形，應該就不算闖紅燈。

◎開車要攜帶駕駛執照及行車執照嗎？

駕駛汽車或機車，都要先考取駕照，不但如此，考到駕駛執照後，駕駛汽車或機車的時候，還要隨身帶著。否則，就算是考到駕照，但沒有隨身帶著，也是會被處罰的。

依據道路交通管理處罰條例第二十五條第三款的規定，駕駛汽車未隨身攜帶駕駛執照的話，將被處以三百元以上，六百元以下之罰款，並將被禁止駕駛。如果是連駕駛執照都沒有考取就無照駕駛的話，更將被處以六千元至一萬二千元之罰款（第二十一條參照）。

除了駕駛執照之外，駕駛汽機車，還要隨身攜帶「行車執照」，否則依據道路交通管理處罰條例第十四條第二款，將被處以三百元至六百元之罰款。

題示，阿憲雖然因為皮包被竊，連帶駕駛執照及行車執照都被竊，但這恐怕都不能作為正當化沒有攜帶駕駛執照及行車執照的理由。

 **參考法條**

　　道路交通管理處罰條例第九條、第十四條第二款、第二十一條、第二十五條第三款、第五十三條、第八十七條、道路交通案件處理辦法第十三條

三、警察臨檢時要求打開後車箱，可以嗎？

阿度半夜與朋友唱完 KTV 後，開車回家，恰好遇上警察臨檢。警察穿著便服，要求阿度拿出身分證件，檢查身上之背包、搜身，並要求打開後車箱檢查，甚至要求阿度下車，要檢查車子。最後甚至要求阿度回警察局一趟。阿度可以拒絕嗎？

阿香在家看電視，忽然有警察按門鈴，表示要臨檢，阿香可以不讓警察進來嗎？

◎臨檢，可以檢查什麼？

相信許多人都有被「臨檢」的經驗。通常警察只會要求出示證件，並予以登記。如果，警察進一步要求配合其他的事，例如：打開包包檢查，打開後車箱查看，民眾是不是有配合的必要？

臨檢，到底可以檢查什麼？

㈠人別訊問、提供證件確認身分

依據警察職權行使法的規定，臨檢不是漫無範圍的，警察在臨檢的時候可以採取下列措施：（第七條參照）

1.暫時攔下行人、機車、汽車、船舶等交通工具。

2.詢問姓名、出生年月日、出生地、國籍、住所、身分證號碼。

3.要求出示證件。

所以，臨檢的時候，一般來說，警察只能要求查看證件，其他的都不可以。如果警察要求還要查看其他的東西，民眾是可以拒絕，並提出異議的。而假若警察還是要求查看其他東西，民眾可以要求將異議之理由作成書面紀錄，以便事後追究警察職權行使是不是過當或違法（第二十九條參照）。

㈡檢查皮包、背包、行李箱、搜身？

　　但臨檢的時候，警察除了可以查看證件外，假若要求進一步配合其他事項，在某些情況下，是可以的。這種情況是，如果依據當時客觀的情形，有明顯的事實認為民眾有攜帶足以危害自己（自殺、自傷），或危害其他人生命身體安全的東西（如武器、毒品等），這時候是可以將民眾搜身或檢查隨身攜帶物品（第七條第一項參照）。

㈢回警察局一趟？

　　而臨檢通常只在當場檢查，檢查完畢就結束。警察可不可以要求民眾回警察局作進一步的身分確認或其他檢查？這要看情況。除非，民眾無法提供證件確認身分，也問不出姓名、身分證字號、住所等人別資料，才可以要求回警察局。而帶回警察局的途中，除非民眾有抵抗，否則不可以要求帶上手銬或施以其他的強制力。時間上，頂多只有三個小時，從臨檢開始起算。超過三小時，就要立即釋放，以免過度擾民。而民眾這時候也可以請親友或律師在旁陪伴（第七條第二項參照）。

㈣沒穿制服，是不是警察？

大家或許都曾經聽過，歹徒假冒警察，佯裝臨檢，然後趁機搶劫民眾之財物的事情。有時民眾也搞不清楚臨檢的人，到底是不是真正的警察。

為了避免這種情形，警察職權行使法規定，警察在臨檢的時候，如果沒有穿制服，或者沒有出示證件的話，民眾理所當然是可以拒絕臨檢的（第四條）。這當然也不會構成妨礙公務。

題示，阿度深夜開車回家時，遇上臨檢。警察沒有穿著制服，如果也不出示證件的話，阿度依法是可以拒絕臨檢的。警察要求出示證件，阿度是必須配合的。至於警察要求查看皮包、背包、行李箱，甚至搜身，除非，有客觀事實，明顯可知阿度有攜帶危害公安的物品（如槍械、毒品等），否則阿度可以拒絕。如果警察仍然要查，阿度可以提出異議，並請警察將異議的理由紀錄起來，以便事後追究是否有違法之處。而警察要求阿度回警察局一趟，除非是阿度對於自己的身分交代不清，也提不出身分證件，否則沒必要配合。

◎可以到民眾家中去「臨檢」嗎？

臨檢，除了檢查的範圍受到限制外，可以實施臨檢的場所，也不是漫無限制的。可以實施臨檢的地方，必須是下列場所：

　1.公共場所。

　2.其他「合法」進入之場所。

所以，臨檢原則上只限於「公共場所」，例如：公園、馬路邊、KTV、餐廳、各種商場等不特定民眾可以進出的地方。一般民眾的家中、旅館的房間等，不是隨便的人都可以進去的地方，就不可以實施臨檢。除非是民眾自動接受檢查或警察持合法之搜索票進去的，否則都不可以任意去「臨檢」（第六條）。民眾遇到警察要臨檢自己的家或住宿飯店警察要臨檢房間，都可以拒絕，除非警察有合法的搜索票。

　　題示，阿香在家中，有警察前來按電鈴，要求開門臨檢，原則上，阿香可以拒絕，除非警察有合法之搜索票。

◎因「臨檢」違法或不當，導致權益受損，如何請求救濟？

　　如果民眾因警察的違法臨檢行為，導致權益受損，可以依法提出訴願以及行政訴訟（第二十九條第一項）。

　　如果因而構成國家賠償責任的，可以依法請求國家賠償（第三十條）。

　　臨檢時，警察的行為雖然是合法的，但如造成民眾損害，也可以依法請求補償（第三十一條）。

參考法條

　　警察職權行使法第四條、第六條、第七條、第二十九條、第三十條、第三十一條

第 8 章

納 稅 篇

一、贈送家人財物，要繳稅嗎？

阿財事業有成，恰逢今年公司業績大幅成長，營收頗豐，於是決定送給辛苦的太太房屋一棟（價值五百萬）以及兩個可愛小孩阿珍及阿妮股票（各兩百萬）。阿財要怎麼做才能合法的免稅或節稅呢？

阿富因寶貝女兒結婚，決定贈與房屋一棟（價值四百萬）作為嫁妝，阿富該如何規劃，才能以繳交最少贈與稅的方式完成這個心願？

◎財物如何贈與給家人，才能免稅？

㈠贈與給家人的財產中，哪些情形不用課徵「贈與稅」？

依據遺產及贈與稅法的規定，贈與家人之財產，有以下幾種情形的話，是不用課徵贈與稅的（第二十條參照）：

1. 為了受扶養人（例如：實際受扶養之父母、小孩、配偶等）所支付的生活費、醫藥費以及教育費。
2. 夫妻間的贈與行為（例如贈送太太一棟房子）。
3. 父母在小孩子結婚的時候，送給小孩的禮物，金額不超過新臺幣一百萬元。

以上這三種是不用算到年度贈與總額的。另外，如果不是這三種情形，贈與給別人的財產（不論送給誰，家人或朋友），在新臺幣一百萬元的範圍之內，也不用繳納贈與稅（第二十二條參照）。

如果，不是上面所說的情形，或贈與家人之財產超過一百萬

元的話，將會被課徵贈與稅，最多會被課徵到百分之五十（第十九條參照）。

㈡贈送的財物價值在一百萬元免稅範圍內，是否也要申報？

依規定，年度贈與額未超過新臺幣一百萬元的話，是不用向國稅局申報的。但是有兩種情形，雖然未超過一百萬元，但還是要申報。

第一種是贈與股票的情形，因為股票移轉，依法應課徵證券交易稅，但移轉的原因是贈與或繼承的話，可以免徵證券交易稅（證券交易稅條例施行注意事項第三條參照）。因此，股票因贈與而移轉，在公司辦理過戶登記手續的時候，還是要免稅證明，才有辦法辦理過戶登記。因此，贈與股票之價值，縱使沒有超過一百萬元，還是要向國稅局申報，辦理免稅證明。

第二種情形是贈與不動產的情形，因為不動產的移轉，要經過登記才生效力。而地政機關辦理登記會要求出示完稅證明或免稅證明，或者不計入贈與總額證明書，才會辦理移轉登記。因此，贈與不動產，縱使免稅的情形，還是要申報。

◎要如何贈與，才能達到最節約稅款的方式？

題示，阿財決定要送給太太一棟房屋（價值五百萬），兩個小孩每人二百萬元。其中，送給太太的部分，屬於「夫妻間贈與」，無論金額多少，依法免稅。所以，贈與房屋部分不用繳交贈與稅。

至於，兩個小孩每個人各贈與兩百萬元股票的部分，依法每個人每年贈與之免稅額為一百萬。而阿財贈與兩個小孩之金額總共四百萬，扣除一百萬免稅額，恐怕還要繳交三百萬元部分之贈與稅。

　　一個可行的方式是分成幾個年度，逐年贈與。或者，利用「夫妻間贈與」免稅的優惠，先贈與給太太，再由太太贈與給小孩。就題示阿財的情形，總共要贈與四百萬元之金額，先將其中二百萬元贈與給太太，阿財保留二百萬元。當年度夫妻各將其中一百萬元贈與給兩個小孩，每個小孩可獲一百萬元。第二年，夫妻再將各自剩餘的一百萬元分別再贈與給兩個小孩，每個小孩可再獲一百萬元。如此，可以完全不用繳交任何贈與稅。

◎要如何贈與女兒嫁妝，才能達到最節約稅款的方式？

　　題示，阿富的寶貝女兒將結婚，阿富要送她一棟價值四百萬元的房屋作為嫁妝。因子女結婚而贈與，每個父親或母親各有贈與子女一百萬元之免稅額。加上每個人原先就有的每年一百萬元免稅額，每個父親或母親，當年度都有兩百萬元的免稅額。可行的做法是這價值四百萬元之房屋，阿富可先移轉房屋持份之一半（相當於兩百萬元）移轉給太太，此部分屬於「夫妻間贈與」，依法免稅。然後，父親及母親再將各自之持份移轉給女兒。因為，贈與額都在二百萬元以內，因此，阿富夫妻二人都不用繳交任何贈與稅。

參考法條

遺產及贈與稅法第十九條、第二十條、第二十二條、證券交易稅條例施行注意事項第三條

二、繼承農地不用繳遺產稅?

阿程家中歷代務農,父親過世,留下農地一筆,由阿程繼承,阿程繼續經營農業使用,並向國稅局申報該筆土地為農地,擬繼續經營農業使用,而免算入父親之遺產總額內,並經登記列管在案。不料隔年三月,縣政府人員勘查發現該土地上雜草叢生,且遭棄置建築廢土,面積約五百平方公尺。縣政府於是認定該土地未繼續作農業使用,而補徵該土地之遺產稅。

阿程大喊冤枉,因為該土地原已種植欅木,因農作物係自然生長,且地處偏遠,未加留意而遭人傾倒廢土,已報警處理,其已整地種植樹木,並加設圍籬以防杜類似事件發生。況且該土地面積有一萬平方公尺,只有五百平方公尺遭棄置廢土,頂多也只能算五百平方公尺面積未作農業使用,其餘部分仍作農業使用,瑕不掩瑜,也只能補徵該五百平方公尺的遺產稅。但仍遭國稅局認定要補繳全部一萬平方公尺之遺產稅。阿程該如何尋求救濟?

◎不服稅捐機關補繳稅額通知書上之核定,要如何提出救濟?

前面提到,如果對於行政機關所為之行政處分不服的話,原則上應依法提出訴願。但依據訴願法第一條但書規定,如果法律另有規定的話,就依照該法律之規定辦理。例如,前面所提到,關於交通罰單聲明不服的方式,就不是直接提出訴願;或者,公

務員關於人事行政處分，也是以「復審」的方式提出救濟；學生對於影響其權利的行政處分，也是先尋校內救濟途徑處理，如果仍然不服，才可以提出訴願。

　　而針對稅捐機關所作成之「核課稅額處分」，如果不服的話，應該在三十天之內向原來之核課機關提出「復查」（稅捐稽徵法第三十五條參照），而非直接提出訴願。

　　三十天期限的起算，有兩種情況，起算的時間點不一樣：

1. 從接獲核課處分之日起三十天內：如果核課通知書上沒有繳納期限的，就從收到後起算，在三十天內提出復查申請。
2. 從核課處分的繳納期限屆滿之翌日起算：如果核課處分上載有補繳日期的話，則以補繳期限屆滿的隔一天開始起算三十天。

　　如果在提出複查申請之後，對於核課機關的復查決定仍然不服的話，就可以依法提起訴願及行政訴訟（稅捐稽徵法第三十八條參照）。

　　關於不服稅捐機關所為「核課處分」的救濟方式，可圖示如下：

圖8-2-1　不服核課處分的救濟途徑

◎遭他人棄置廢土而成為「非農業」使用，是否該追繳遺產稅？

題示，阿程所繼承的農地上被發現有濫倒建築廢土約五百平方公尺，而造成繼續供農業使用不滿五年的事實，是不是可以怪罪阿程，而應依遺產及贈與稅法第十七條第一項第六款及農業發展條例第三十八條的規定，追繳應納遺產稅？

依據遺產及贈與稅法第十七條第一項第六款規定，繼承的財產中，有供農業使用的農地的話，該農地不算入遺產。但是，如果從繼承開始後，五年之內有未作農業使用的事實，並且經過主管機關限期恢復農業使用而未恢復，或者恢復後，又未作農業使用的話，就要補徵該農地之遺產稅。

㈠被人棄置建築廢土，可以怪阿程嗎？

問題是，農地原本種植樹木，應該算是農業使用。怎會有不肖業者任意棄置廢土在農地上，阿程也沒辦法。

真的沒辦法嗎？阿程雖然早就報警處理，但卻沒有清除上面的廢土，還是讓廢土繼續棄置在農地上。主管機關在實地勘查的時候，已經距離報警的時間三個月了，阿程還是沒處理。足見阿程並未立即排除影響農用之因素，顯未盡管理者的責任，至少算是有過失。

◎農地僅一部分未作農用，應徵全部數筆土地之遺產稅、或該未作農用之整筆土地的遺產稅，或僅該非農用面積之遺產稅？

另一個問題是，追繳應納遺產稅時，如該筆土地僅係部分未作農業使用，究竟應以實際未作農業使用之面積為計算標準，抑或以整筆土地之面積，甚至全部數筆土地（如果有好幾筆農地的話）為計算標準？

(一)財政部的兩個解釋函

針對這個問題，財政部先後兩個解釋函作出不同解釋。

先是七十八年的解釋函表示，依規定免徵遺產稅之農業用地，在其經營農業生產不滿五年期間內，雖然部分面積未繼續經營農業生產，仍應依同條但書之規定，就全部免稅土地追繳應納稅額（財政部七十八年八月三日臺財稅字第七八〇二〇八四八一號函釋）。也就是，其中一筆土地未作農業使用，全部免稅之數筆土地就應該補徵遺產稅。

財政部在八十五年又發布另一則解釋函表示，稽徵機關於核定遺產稅時，應就繼承人或受遺贈人繼續經營農業生產之農業用地，依遺產及贈與稅法第十七條第一項第六款規定辦理，嗣後該等免稅之農業用地，如有部分未繼續經營農業生產情事，再就該未繼續經營部分追繳應納稅額（八十五年六月十九日臺財稅字第八五〇二九九四九八號函釋參照）。也就是，如果有未作農業使用

的情形，只就未作農業使用的部分課徵遺產稅。

㈡實質課稅原則

「實質課稅原則」，是指對於實質上相同經濟活動所產生的相同經濟利益，應該課以相同的租稅，有關租稅構成要件事實的判斷及認定，自然也應該以實質上經濟事實關係及所產生的實質經濟利益為準，而不是以形式外觀為準（大法官釋字第四二〇、四三八號解釋，以及最高行政法院八十二年度判字第二四一〇號判決參照）。

法院對於財政部前面所提到的七十八年解釋函，認為如果加以適用這個解釋函的話，將導致納稅義務人只因為一筆土地的部分面積沒有繼續經營農業生產，就會遭到追繳應納遺產稅或贈與稅額的處罰，即使整筆土地，甚至連同其他筆不相干且有繼續經營農業生產之土地，也會遭到追繳遺產稅或贈與稅。這樣的話，等於是與全部數筆土地未繼續經營農業生產之情形，做相同之處理（也相同地就全部免稅土地追繳應納稅額），顯然違背實質課稅原則，而拒絕加以適用。

而對於財政部八十五年的解釋函，法院則認為此函釋所講的「未繼續經營部分」，並未明文係以「筆」為單位，因此，所謂就「未繼續經營部分」追繳應納稅賦，應該是指實際上農地中未繼續經營之「部分面積」而言，並非整筆土地均應計入該未繼續經營的部分以追繳應納稅賦。

否則，如果以「整筆」土地的面積為計算標準，納稅義務人

只因一筆土地內的小部分面積未繼續經營農業生產，而有加以追繳應納遺產稅或贈與稅額之必要，即使該筆土地的其他有繼續經營農業生產之部分，也必須追繳遺產稅或贈與稅。

這樣的話，與一筆土地的全部未繼續經營農業生產之情形，做相同之處理（即也就「整筆」土地之全部面積追繳應納稅額），顯然與前述實質課稅原則有所違背。

況且，這種以「整筆」為單位，而不是以未繼續經營部分之「面積」比例為計算標準之追繳方式，將使兩筆土地，其未繼續經營農業生產部分的面積相同，只因為兩筆土地的登記面積大小有別，其土地之面積大與面積小者，所應追繳之遺產稅或贈與稅額多少，即有天壤之別，而整筆農地的面積大小與實際上未繼續經營農業生產之部分，並無必然的關聯，其事物之本質相同，本來就應該作相同的待遇（即對實質上相同經濟活動，應課以相同之租稅）（臺北高等行政法院八十九年度訴字第一六三八號判決參照）。

法院因此認為應該用「實際」非農用之面積計算，而非以整筆土地計算，才符合實質課稅原則的解釋。

㈢貫徹防止農地分割使用之政策，所以要以「筆」為計算？

案經稅捐機關上訴，最高行政法院一百八十度轉變，認為農業發展條例第三十一條關於供農業使用之農地免徵遺產稅之立法

目的，是為了實現當時農業政策所作的獎勵性免稅優惠措施。受獎勵者必須「全部遵守」，如果繼承後原免稅之宗地中有部分面積有未繼續經營農業生產情事的話，就已經失去優惠免稅以達繼續經營農業生產的政策目的。

而且，免稅的規定本屬例外，不論宗地全部或一部，未繼續經營農業生產，均不合獎勵免稅的立法意旨，自應追繳該宗農地原免除之全部稅款。否則就不符鼓勵繼續經營農業生產避免農地細分之農業政策目的。

更何況，土地法第四十條也規定，地籍整理以縣市分區，區內分段，段再分宗，依宗編號，此即為宗地，就是一般所稱「筆」。可知土地係以「宗」為最小計算單位，而遺產土地之核算亦以宗地（筆）為單位，舉凡核課、徵免均按宗為認定標準，其所以如此，除「宗地」是土地最小之計算單位外，同時，也是管理之行政手段所必須，所以農地之核准免稅，既係以宗為單位，每宗為徵免之標準，則日後因未繼續經營農業生產而追繳原免稅款時，除法律另有特別規定外，亦應該以列管之宗地為準，當然也沒有按不繼續經營農業生產面積比例計算之餘地（最高行政法院九十二年度判字第三三五號判決參照）。

最高行政法院於是駁斥高等行政法院之見解，認為還是要以「筆」為單位計算，令人遺憾。將來大法官會如何作出解釋，只能拭目以待。

 **參考法條**

　　稅捐稽徵法第三十五條、第三十八條、遺產及贈與稅法第十七條第一項、農業發展條例第三十八條

第 **9** 章

社會保險篇

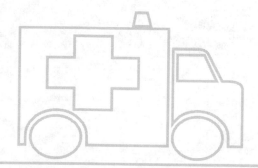

一、職業災害如何認定？不服認定，如何救濟？

　　阿勇於某日上午九時二十五分許前往上班途中，在臺北市復興南路、和平東路口發生車禍受傷。當時有臺北市政府警察局大安分局交通分隊前往處理，並且紀錄在案。

　　事後，阿勇要求任職之公司辦理「職業災害」之相關保險給付申請，但是勞工保險局卻認定為「普通傷害」，而非職業災害。更糟糕的是，公司竟然沒有為阿勇投保勞工保險。阿勇該如何尋求賠償及救濟？

◎「普通災害」與「職業事故」有什麼區別？

　　現行的勞工保險制度，主要區分為兩大類，一類是「普通事故」保險（再細分成生育、傷病、醫療、殘廢、失業、老年及死亡七種給付）；另一類「職業災害」保險（再細分成傷病、醫療、殘廢及死亡四種給付）。

　　以上普通事故保險與職業災害保險都有「傷病」、「醫療」、「殘廢」、「死亡」四種給付，但是，如果屬於「職業災害」的，比起「普通事故」的，請領的給付金額會比較高，對於申請人較為有利。所以，如果構成是「職業災害」的話，當然是申請「職業災害」的給付對於申請人較為有利。例如，以同樣的「傷病給付」為例，如果是「普通傷害補助費」，只以平均月投保薪資的「半數」發給（勞工保險條例第三十五條參照）；但是如果是「職業傷害補助費」的話，就以平均月投保薪資的「百分之七十」發給（勞工

保險條例第三十六條參照)。

◎職業災害如何認定?

問題是,所謂「職業災害」如何認定?

所謂「職業災害」是指勞工因為執行職務而致傷害而言,例如,貨運公司之送貨員,在送貨的途中,遭計程車撞擊而受傷。這固然很容易判斷,是所謂的「執行職務時」。另外,例如勞工在休假的時間,與朋友出遊,摔落山谷,這也很清楚,因為這跟上班時的執行職務完全無關。

但是如果像是前面案例所講的,阿勇在前往上班的途中,不幸發生車禍,這算不算是「執行職務時」? 恐怕就很難判斷了。為了杜絕這種類似的爭議,並且保障勞工的權益,主管機關通常會「擴大解釋」職業災害的範圍。目前,主管機關認定是「職業災害」的範圍,有以下幾種 (詳細規定請參見「勞工保險被保險人因執行職務而致傷病審查準則」):

1. 上、下班途中。在上、下班時,在適當時間,從日常居、住處所往返就業場所的應經途中發生事故而導致的傷害;就讀夜校的學生或建教合作班學生,在上、下班直接往返學校與就業場所的應經途中發生事故而致之傷害。

2. 在作業前後,發生下列事故而致之傷害。(1)在作業開始前,在等候中,因就業場所設施或管理的缺陷所發生之事故。例如,提早到了公司,還沒有正式上工之前,公司天花板掉落而受傷;(2)因作業之準備行為及收拾行為所發生之事

故。例如建築工人，從事疊磚砌牆工作，準備運送磚頭時，因推車老舊翻覆而壓傷；⑶在作業終了後，經雇主核准利用就業場所設施，因設施之缺陷所發生之事故。例如：下班後，經老闆同意在辦公室舉辦慶生會，電燈突然掉落而壓傷；⑷因勞務管理上的必要，或在雇主的指揮監督下，從飯廳或集合地點到工作場所途中或自工作現場返回事務所途中，為接受及返還作業器具，或受領工資等例行事務時，發生之事故。例如，挖馬路的工人，先在工廠取出工作器具，到指定的工作地點途中，發生意外而受傷。

3. 作業時間中斷或休息中，因為就業場所設施或管理上的缺陷發生事故而導致的傷害。例如，員工於休息時間，坐在公司的長椅上休息，因長椅年久失修，斷裂而導致員工受傷。

4. 員工在工作時間，基於生理需要，在如廁或飲水時發生事故而致之傷害。例如，員工口渴喝水，飲水器忽然噴出熱水而受傷，或者，飲水間地板濕滑，員工滑倒受傷。

5. 員工於必要情況下，臨時從事其他工作，該項工作如為雇主期待其雇用勞工所應為之行為而導致的傷害。例如，公司購買大量物品，員工臨時幫忙搬運，導致肌肉拉傷，雖然員工平日不是從事搬運工作，但員工主動幫忙，也是雇主期待員工會做的，這也算是職業傷害。

6. 員工因公差由日常居、住處所或就業場所出發，至公畢返回日常居、住處所或就業場所期間發生事故而導致的傷害。

7. 員工經雇主指派參加進修訓練、技能檢定、技能競賽、慶典活動、體育活動或其他活動發生事故而導致的傷害。例如，員工派遣參加進修，期間因故受傷。

8. 員工由於執行職務關係，因為他人之行為發生事故而導致的傷害。例如，保全公司的保全員，因訪客要找的住戶不在家，強行要進入，保全員勸阻，卻遭到訪客的毆打而受傷。

所以，前面所提到的案例，阿勇從家裡前往上班的途中，發生車禍造成受傷，應該算是職業災害，而可以申請以職業災害的標準，請領各項給付。

◎職業災害給付，要如何申請？

以傷病給付為例，申請傷病給付必須檢附傷病給付申請書、給付收據、傷病診斷書，向勞工保險局申請（勞工保險條例施行細則第六十四條參照）。

◎對於職災認定不服的話，如何申請救濟？

以職業災害申請保險給付，會由勞工保險局作出核准與否之決定。如果，勞工保險局判定非職業災害，申請人不服，要如何尋求救濟？

(一)什麼時間之內？向哪個機關遞件申請？

依據勞工保險條例第五條第三項授權訂定的「勞工保險爭議

事項審議辦法」規定，對於勞工保險局關於職業傷病給付事項的核定有所不服的話，應該在接到勞保局核定通知文件的隔一天起六十天內，填具勞工保險爭議事項審議申請書（以下簡稱審議申請書），並檢附有關證件經由勞保局，向勞工保險監理委員會（以下簡稱監理會）申請審議（審議辦法第三條參照）。也就是要在六十天之內，向勞工保險局遞件，由勞工保險監理委員會審議。

㈡審議申請書要寫些什麼？

審議申請書要寫明下列事項：

1. 申請人的姓名、出生年月日、住、居所、身分證明文件字號。如果是投保單位申請的話，應該記明名稱、保險證字號、地址及負責人姓名。

2. 收受或知悉勞保局原核定的年月日。

3. 申請審議的請求事項。

4. 申請審議的事實及理由。

5. 證據，如果是文書的話，檢附影本。

6. 申請的年、月、日。

7. 附勞保局原核定函影本。

範例如下：

表 9-1-1　勞工保險爭議事項審議申請書範例

勞工保險爭議事項審議申請書

申請人：陳阿勇　　　　　　　　　　　　　住臺北縣板橋市三民路一號
身分證字號：A123456789
投保單位：××股份有限公司　　　　　　　　設臺北市中山北路一號
勞工保險局原核定文號：九十三年××字××號
收受勞工保險局原核定日期：××年××月××日
　　申請審議請求事項
一、原處分(勞工保險局九十三年××月××日××字第××號函)撤銷。
二、原處分機關就申請人××年××月××日受傷住院案件應判定為職
　　業災害。
　　事實及理由
一、按「勞工保險被保險人因執行職務而致傷病審查準則」第四條第一項
　　規定：「被保險人上、下班，於適當時間，從日常居、住處所往返就
　　業場所之應經途中發生事故而致之傷害，視為職業傷害。」
二、查本件申請人即被保險人陳阿勇係於民國九十三年十月二日上午九
　　時二十五分許於復興南路、和平東路口發生車禍受傷(附件××號)，
　　當時係申請人騎機車上班途中發生之車禍，依上開規定，應屬職業災
　　害，而非普通傷害，此有臺北市政府警察局大安分局交通分隊道路交
　　通事故對方當事人資料書，以及投保單位××有限公司職業傷害傷病
　　給付申請書(請參見原處分機關原卷)可稽。××××
三、綜上所述，茲依據勞工保險爭議事項審議辦法第三條規定，請　大會
　　再予審議，作成本件乃職業災害之認定，以維權益，實感法便。
　　此　致
勞工保險局　　　　　　轉送
勞工保險監理委員會　公鑑
　　　　　　　　　　　　　　　　　　　申請人：陳阿勇（簽名蓋章）
中　　華　　民　　國　　九十三　　年　××　月　××　日

　　勞工保險監理委員會審議後將作成「審定書」。審定的結果可
能是申請審議駁回，或者撤銷原核定，發回勞工保險局另為核定。
如果申請人不服的話，可以在審定書送達之翌日起三十天內，繼

具訴願書經由勞保局向中央勞工行政主管機關提起訴願。如仍不服的話，依法可以向高等行政法院提出行政訴訟及上訴。

　　相關流程可以圖示如下：

圖 9-1-1　勞工保險爭議的救濟流程

◎雇主沒有幫員工投保勞工保險時，員工如何請求救濟？

　　勞工保險是法律規定雇主一定要去投保的強制保險，如果雇主沒有去投保，造成勞工無法請領相關之保險給付，怎麼辦？

　　就算了嗎？當然不是。如果不幸發生這種情形的話，除了雇主要受罰之外，雇主還要依據勞工保險條例所規定的給付標準，來賠償勞工。因此，勞工此時可以向雇主來求償（勞工保險條例第七十二條）。

參考法條

　　勞工保險條例第三十五條、第三十六條、第七十二條、勞工保險條例施行細則第六十四條、勞工保險爭議事項審議辦法、勞工保險被保險人因執行職務而致傷病審查準則

二、繳不出健保費就不能看病?

　　阿婆年老無依,獨自一人以拾荒為生,健保費時常繳不出來。後來因為欠繳太多健保費,遭健保局以「未交清保險費及滯納金」為由,拒絕保險給付並拒發健保卡,導致阿婆更無法去看病(因為沒有健保卡,看病要全額負擔)。阿婆該如何請求救濟?

◎拒絕提供健保給付以及拒發健保卡的依據何在?

　　國家應推行全民健康保險,是我國憲法增修條文第十條第五項所明定。而國家為謀社會福利,應實施社會保險制度;國家為增進民族健康,應普遍推行衛生保健事業及公醫制度,也都是我國憲法所規定的(憲法第一百五十五條及第一百五十七條參照)。而政府為了實現這些憲法的規定,在八十四年三月一日施行了全民健康保險制度。

　　至於如果因為不交保險費,國家是不是可以不發健保卡,不提供看病的服務?依據原先的全民健康保險法第三十條第四項規定,健保局在投保單位(就是任職單位)或被保險人(就是一般民眾)沒有繳清保險費及滯納金之前,可以暫行拒絕給付(拒絕提供看病的服務)及核發保險憑證(健保卡)。

　　這種不給保費,就不能看病的做法是不是妥當,曾經引起討論。因為,繳不出健保費的人,大多數是社會的中下階層民眾,可能經濟狀況原本就不是很好,以致於繳不出健保費。如果因此

不發健保卡，等到生病看醫生的話，就要繳交全額的費用，那豈不是「雪上加霜」。

再說，全民健康保險既然是強制保險，幾乎所有的民眾都要納入保險（除了極少數的情形之外），基於社會正義的考量，是不是應該讓真正窮苦到繳不出健保費的民眾可以毋庸繳納保費，就能看病，實際上也是有所必要的。

◎國家的生存保護義務

由國家演變的歷史來看，從以往的認知，國家的任務只以消極地維持法律秩序（就是以治安、抵禦外侮、維護市場自由競爭機能）為限，以防止國家權力的濫用，保障個人的基本自由，我們稱之為「自由國」。

而隨著西方工業革命之後，產生了大批勞工階層，進而衍生了許多社會問題，其中最嚴重的就是貧窮問題。為了解決這個問題，新興的看法就認為，國家的任務除法律秩序的維護外，也同時應該成為社會正義的促成者，以積極達成保護、教養、預防、重分配等功能，這樣的國家，我們則稱之為「社會國」。

以歷史的實證經驗來看，自由國的任務既然以消極地維護法律秩序為限，其任務自不會及於人民的最低生活保護，權力濫用的防止及個人自由的保護對於一個「遊民」來說不具意義，他們需要的是麵包。在自由國中，到頭來，人民只有在淡水河旁飽嚐寒風的自由。而在社會國，國家扮演的是社會正義促成者的角色，以積極達成保護、教養、預防、重分配為己任，這樣的國家始有

可能達成保障弱者生存的國家目的。這樣的國家目的，在許多國家的憲法中都可以找到依據。

就我國來說，憲法雖未標示所謂「社會國」之用語，但一般都承認我國是一社會國，主要的理由在憲法第一條及第十三章基本國策。憲法第一條規定：中華民國基於三民主義，為民有、民治、民享之民主共和國。其中「民享」就等同是社會國原則。另外，我國憲法第十三章基本國策內對於國民經濟、教育文化、社會安全諸端規定的極其詳細，可見憲法對社會福利的重視。

所以，國家應該保障弱勢的民眾，提供最低限度的生活保障。如果，真的連健保費都繳不出來了，還不發給健保卡，甚至不提供醫療服務，於情、於理、於法，恐怕都講不過去。大法官針對這樣的做法，就認為，對於無力繳納保費者，國家應給予適當之救助，不得逕行拒絕給付，以符憲法推行全民健康保險，保障老弱殘廢、無力生活人民之旨趣（司法院大法官釋字第四七二號解釋參照），明白宣示這種不繳健保費就不能看病的做法是違憲的。

之後，全民健保法增訂，如果是在「經濟困難期間」，健保局就不可以拒發健保卡或不提供醫療給付（全民健康保險法第八十七條之一及第八十七條之五參照）。

◎經濟困難期間的認定

至於「經濟困難期間」如何認定？有以下之認定標準（全民健康保險被保險人無力繳納相關費用認定辦法第二條參照）：

1.家庭總收入平均分配全家人口，每人每月未超過社會救助

法第四條所規定的最低生活費標準的一點五倍，而且家庭
總收入以外之財產總額，沒有超過社政主管機關依據社會
救助法施行細則第五條公告的當年度一定金額，並且取得
戶籍所在地社政主管機關證明的。

2. 家庭發生重大事故導致生活陷於困境，經過戶籍所在地鄉
（鎮、市、區）公所證明的。

3. 領有身心障礙手冊而無法自立生活，經過戶籍所在地鄉
（鎮、市、區）公所證明的。

4. 取得第五類被保險人身分之前，積欠相關費用的。

5. 為第六類被保險人而生計遭遇困難，經過戶籍所在地鄉
（鎮、市、區）公所證明的。

6. 其他經主管機關認定為經濟困難的。

◎救濟方式

當然這幾個標準合乎與否，還是要經過健保局的認定。如果
對於健保局的認定不服的話，要怎樣救濟呢？

依據全民健康保險爭議事項審議辦法的規定，申請人應於核
定通知文件送達的次日起六十天內，向全民健康保險爭議審議委
員會提出申請書。格式與前述勞工保險爭議事項的審議類似，不
再贅述（審議辦法第二條、第四條及第十四條規定參照）。

如果對於審定之結果不服，仍可依法提出訴願及行政訴訟。

以上流程，可圖示如下：

| 接獲健保局
核定通知書 | →六十天內→ | 直接向審議委員
會提出審議申請 | →三十天內→ | 向衛生署
提出訴願 | → | 行政
訴訟 |

圖 9-2-1 全民健保法關於經濟困難認定不服的救濟途徑

參考法條

　　全民健康保險法第三十條第四項、第八十七條之一及第八十七條之五、全民健康保險被保險人無力繳納相關費用認定辦法第二條

第 **10** 章

國家賠償篇

一、「摔了一身泥」──公有公共設施的國賠責任

志成家住板橋，每天都由家裡騎機車到臺北市上班，可說是標準的機車通勤族。但志成每天騎車上下班途中，可說是博命演出。他先是要經過凹凸不平的柏油馬路，然後還要提高警覺，小心公車突然切入慢車道，以免被公車撞到。

某日，志成下班後照例騎機車返家，快到板橋家中的一個十字路口，志成眼看前方號誌為綠燈，就保持一般速度往前行，騎至路口，突然有汽車由橫向車道快速經過，志成差一點就撞到那輛汽車，心想這汽車怎麼闖紅燈。但轉頭一看，怎麼路口全都是綠燈，到底哪一邊可以通過？

想著想著沒注意前方路邊有個大洞，一不小心就栽到洞裡面，造成身上多處擦傷，心愛的機車也撞得面目全非。志成爬起來後，發現這麼大一個洞，怎麼連一個警告標誌也沒有。……

◎何謂國家賠償？何種情形可請求國家賠償？

「國家賠償」的意思是說，國家因為有過錯，導致人民的生命、身體及財產等權利受到侵害，人民可以向國家請求賠償因此所受的損失。有三種情形：

1.第一種是「公有公共設施設置管理責任」

依據國家賠償法第三條第一項規定：「公有公共設施因設置或管理有欠缺，致人民生命、身體或財產受損害者，國家應負損害

賠償責任。」也就是說，因為公有的公共設施一開始設置的時候就有問題，或者已經設置的因為年久失修，沒有好好保養，導致出現問題，而造成民眾生命或身體、財產等權利受到損害的，可以向國家請求賠償。

2.第二種是「公務員違法執行職務責任」

依據國家賠償法第二條第二項前段規定：「公務員於執行職務行使公權力時，因故意或過失不法侵害人民自由或權利者，國家應負損害賠償責任。」也就是說，因為公務員在執行職務的時候，因為故意或者不小心侵害人民的權利，並且導致人民有損害的情形，可以請求國家賠償。

3.第三種是「公務人員怠於執行職務責任」

依據國家賠償法第二條第二項後段規定：「公務員怠於執行職務，致人民自由或權利遭受損害者亦同。」換句話說，就是公務員因為偷懶，沒有盡到應盡的責任，導致民眾的權益受到損害。

以上三種情形，最常發生之情形為第一種類型，就是公有公共設施之設置管理責任（其他類型將在下述二至四說明）。這種類型國賠責任大致而言，是指國家的公有公共設施（如公立醫院、學校、公園、路燈等），因為設置或管理上有所欠缺，以致於人民之生命、身體或財產受有損害的話，人民可以向國家請求賠償。例如：市公所僱工將馬路上挖了一個大洞，但因為沒有設置警告標誌，導致行人跌落或摩托車騎士摔倒受傷，或路樹突然倒下，壓傷行人或壓壞停放在路邊的車輛等等情形，都算是這種類型。

這種類型的國賠責任的構成，必須符合以下幾個要件：

㈠公有的公共設施

例如，馬路、公園、交通號誌、機場、公立體育館、公有市場、學校等公共使用之設施。但一般民眾容易誤認的，就是「非公有的」公共設施及公有的「非公共設施」。

1.「非公有的」公共設施，例如「既成巷道」（或稱既成道路）。既成巷道就是非政府所規劃之道路，原本是一般私人之土地，但因長久以來為其他一般民眾所通行，久而久之就變成「既成道路」。如果既成道路之土地所有權人在既成巷道上挖了一個大洞，路人甲不小心掉入洞內受傷，此時，因既成道路並非「公有」之馬路，嚴格說來並不符合國賠之要件。但近來，最高法院則傾向認為此種既成道路雖非「公有」，但主管機關對於既成道路既然有「管理權」，就應該好好管理，甚至也有設置交通號誌者，如果只因為土地所有權誰屬，就差別待遇，顯不公平，而已經有法院判決肯定民眾在這種情形也可以請求國家賠償（參見最高法院九十一年度臺上字第八五八號判決）。

法律加油站

「既成道路」係指非依據公路法或其他相關法規之法定程序，而由於私有土地上長久以來多數不特定人通行之事實而形成供人通行之道路。

2. 公有的「非公共設施」，例如台電公司之「電線桿」。台電
公司雖然是一般民眾所稱的公家機關，但事實上台電公司
乃「公司」組織之國營事業。依據國有財產法第四條第二
項第三款規定，只有其「股份」為公用財產，其餘均非公
用財產，因此亦非公共設施（參見最高法院八十七年度臺
上字第一一九七號判決）。因此，如果民眾走路不小心撞到
電線桿或電線桿倒下壓到行人，都不能請求國家賠償，但
是，此時可以依據一般民法之規定請求，並不是毫無救濟
方式的。

㈡設置或管理有欠缺

「設置有欠缺」是指公共設施建造之初即有錯誤、瑕疵，例
如設計不當或施工不良。「管理有欠缺」是指公共設施之建造後，
沒有妥為保養、維護，導致有瑕疵，例如橋樑年久失修而倒塌致
民眾受傷。

而有問題的是，如果是正在興建或修建之公共設施（例如正
在興建之道路），民眾在興建或修建之公共設施中受傷，此時是否
可說是設置或管理有欠缺？例如九十三年間的艾利風災，疑似因
捷運工程箱涵施工設計不當導致河水倒灌，大水淹三重。因捷運
工程興建中，根本還沒有驗收通過，這時算不算是「公有公共設
施」？（詳下述）

因公共設施一開始提供民眾使用，會有所謂「啟用」之通知
（例如道路會有所謂「通車」之通告）。在啟用之前，尚未成為公

用之物，如在此種設施中受傷並不能請求國賠。例外情形，如果公共設施一邊興建，一邊供人使用，此時若沒有作必要之防護措施導致民眾受傷，則仍有國賠責任成立之可能。

㈢生命、身體及財產受有損害

就是民眾的損害必須是其生命（死亡）、身體（受傷）或財產受有損害，如果是這三種以外的損害，則不能請求國賠（參見司法院 (73) 廳民一字第 0672 號函採此見解）。例如，民眾受困於市公所之電梯中，行動自由受侵害，並不能請求，此乃目前實務見解。此項要件與下述二、三、所要討論之公務員違法執行職務責任及公務員怠於執行職務責任中，只要是自由或權利受侵害即可請求國賠者，相當不同。但有學者就認為國家賠償法第三條所規定之生命、身體及財產只是舉幾個例子加以說明而已，其他之自由或權利如果因此受到侵害，比照國家賠償法第二條之規定，還是可以請求國家賠償（參見廖義男，《國家賠償法》，一九九五年五月增訂版，頁八〇～八一）。

㈣損害與公有公共設施之設置或管理之欠缺有「相當因果關係」

就是民眾生命、身體或財產，在公有公共設施之設置或管理有欠缺之情形下，「通常」會導致損害。例如，橋樑年久失修導致斷裂，如幾年前發生高屏大橋之斷裂事件，民眾因此跌落溪中受

傷，會認為是有因果關係。但此種因果關係，不必是損害發生之唯一原因，如有其他因素相結合而導致，亦有可能具有相當因果關係，例如，橋樑年久失修，因地震而斷裂，這也算是有相當因果關係。

法律加油站

因果關係通常可分為兩種，一種是「條件因果關係」係指如非 a 條件之存在，就不會有 b 結果之發生。例如假如殺人犯某甲之父母不生下某甲，某甲就不會去殺人。另一種為「相當因果關係」，係指通常情形下有 a 條件之出現，就有 b 結果之發生。例如，用刀子砍人 (a)，通常會使人受傷或死亡 (b)。

◎紅綠燈號誌發生故障，民眾如因遵守該號誌而發生車禍，可否請求國家賠償？向何機關請求？請求之時間及程序為何？

如題示，志成騎乘機車回家時，因前方路口綠燈，而通過路口，但因號誌故障，橫向車道亦為綠燈，亦同時通過該路口。如果因此導致兩車相撞，騎士受傷或汽機車毀損，因為交通號誌屬於公有之公共設施，紅綠燈同時出現綠燈顯然是故障，管理顯有欠缺，而導致民眾之身體（受傷）或財產（汽機車）之損害，為均可請求國家賠償（類似案例可參見最高法院九十年度臺上字第二四一八號判決）。

(一)向哪個單位請求？

因公有公共設施管理或設置之欠缺所致之損害要向哪一個單位請求賠償呢？依據國家賠償法第九條之規定，應該向該公有公共設施之設置或管理機關。如以志成之情形為例，紅綠燈（或其他號誌）之管理單位原則上與坐落之道路之管理單位相同。道路有分國道、省道、縣道及鄉道。以臺北縣為例，縣道之管理單位為臺北縣政府工務局（臺北縣政府組織自治條例第五條參照），因此，志成向臺北縣政府工務局請求國家賠償。

(二)請求之期限？

至於多久的期限內要提出請求？依據國家賠償法第八條規定，應自知道有損害時起兩年內，但如自損害發生時起超過五年的話，也不能請求。

(三)請求之程序？

而請求之程序，請求權人應該先以「書面」向賠償義務機關請求（口頭不行），不能直接向法院起訴（此乃因我國之國家賠償制度採用「協議先行」，如果沒有先以書面向賠償機關請求而直接起訴，將會被法院駁回起訴）。

以書面向賠償義務機關請求後，如果雙方對於賠償之方式或金額達成協議，這當然是「雙贏」的結局，但實際發生之案例，有達成協議者，非常少，最後免不了要到法院才能解決。多數的

案子中，通常無法達成協議。所謂「無法達成協議」包括行政機關拒絕賠償，或從提出請求後超過三十天還不出面協議，或者開始協議後，超過六十天還沒有達成協議。如有以上三種情形，這時請求權人就可以向該機關所在地之民事法院提起損害賠償之訴。如以志成之情形，臺北縣政府如有上開三種情形，志成就可以在臺灣板橋地方法院提起國家賠償之訴。

相關程序圖示如下：

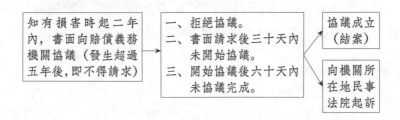

圖 10-1-1　國家賠償申請流程

◎工程單位如埋設管線，將路邊挖洞，或排水溝蓋年久失修沒有蓋好，以致民眾摔跤跌到裡面，可否請求國家賠償？

另一個常見的國賠類型是馬路中間因故陷了一個大洞（例如行政機關埋設管線，挖掘馬路），或者，排水溝之溝蓋沒有蓋好，導致民眾因此跌落受傷。這種情形通常是因為行政機關對於馬路路面或水溝蓋沒有定期檢查保養，疏於管理所致，應屬管理有欠缺之情形，民眾如果因此受傷，可以請求國家賠償。但是，如果

行政機關已經設立必要之警告標誌，促請通過之人車注意者，而因為民眾本身不小心，不注意而跌落者，此時，可能會因為民眾本身之過失程度，依比例減少賠償之金額或甚至全部不獲賠償（參見最高法院七十二年度臺上字第三一八二號判決）。

◎鐵路平交道因故障而未放下柵欄，民眾通過，被火車撞到，可否請求國家賠償？

近來曾發生幾個案例，即經過鐵路平交道，明明有火車經過，但平交道之柵欄竟未放下，如果因此導致車輛與火車碰撞，車輛受損，民眾傷亡者，可否請求賠償？這種狀況有兩種可能之情形，第一種是電腦控制之柵欄，如果因電腦故障導致柵欄未自動放下，而致生意外，此時即屬公有公共設施管理有欠缺，可依據國家賠償法第三條請求賠償。但另有一種情形是平交道有人員看管，如果因為看管人員沒有注意到火車來而沒放下柵欄導致傷亡，則屬公務員之違法責任，應依據國家賠償法第二條請求賠償。

◎消防栓沒有水，導致救火不及而房屋燒毀，可否請求國家賠償？

南部地區曾有一個案例，是因為消防栓沒有水，導致火災發生後，無水可以救火，造成民眾傷亡，財產損失。這種情形，因為消防栓屬於公共設施，如果因為消防栓年久失修，無法發揮功效，導致大火無法及時撲滅，此時，民眾應可請求國家賠償。

◎路樹倒塌壓傷行人，可否請求國家賠償？電線桿倒下，壓到路人，可否請求國家賠償？

馬路兩側常因綠化美化因素而種植行道樹，雖然美觀，但如果未注意平日之管理，可能忽然路樹倒塌而造成行經民眾受傷或車輛受損。此時，固可請求國家賠償。

但如果是路邊電線桿倒塌，因電線桿雖為公共設施，但並非「公有」，並不符合前述第一個要件，因此不能請求國家賠償。此時，如果符合民法之規定，只能依據民法規定請求賠償。

◎市公所之電梯故障導致民眾受困五小時，可否請求國家賠償？

報載某女學生受困捷運車站電梯之意外，因捷運車站乃捷運公司之設施，但並非「公有」之設施，固然不能請求國家賠償。但如果民眾在市公所的電梯內受困（市公所之電梯為公有公共設施），可否請求國家賠償？由於此種類型之國家賠償範圍僅限於「生命、身體及財產」之損害，而民眾受困於電梯，僅行動自由受到限制，生命、身體及財產並未受損害，因此不得請求國家賠償（但有學者採肯定見解，認為此時還是可以請求國家賠償。參見廖義男，前揭書，頁八一）。

◎施工中的捷運箱涵因施工設計不當，箱涵破裂導致河水倒灌，淹沒民眾財物，可否請求國家賠償？

艾利颱風造成三十年沒有淹水的三重市一片水鄉澤國，經調查疑似是臺北捷運局的捷運工地箱涵破裂所引起的河水倒灌。這種情形可不可以請求國賠？

如果是公有公共設施的賠償責任，前面的說明，必須是完工後已經在「使用中」的公有公共設施，或者是一邊施工，一邊開放使用的。如果根本還沒有完工啟用，是不構成這種類型的國賠責任。

而本次捷運箱涵施工及設計不當導致三重淹水造成民眾損失，因為捷運還沒有完工啟用，也沒有部分開放公眾使用的情形，原則上並不會構成國家賠償法第三條第一項類型的國賠責任。

但是，如果以公務員的作為責任，或者不作為的責任來看（國家賠償法第二條第二項前段及後段），公務員如果怠於勘驗、沒有定期檢查（不作為責任），或者誤為發給建照而建商據以施工（作為責任），最後導致箱涵破裂而淹水，還是會構成國家賠償責任。

另外，除了國家賠償責任之外，另外也有可能成立民事責任。因市政府委由建商施作捷運工程，如果市政府對於工程施作的指示或定作有過失的話，還是有賠償責任的。

參考法條

國家賠償法第三條、第八條、第九條、第十條、第十一條、第十二條

二、刻骨銘心的悲劇——建築執照的違法核發責任

建築物之建築執照是由縣市政府之建管機關核發，如果建築物本身設計不當，但是建管單位因為故意或沒注意到，而仍照常核發執照，導致居住在裡面的民眾因此受傷或死亡（這種案例事實上還真是不少，例如：林肯大郡倒塌案、東星大樓倒塌案等）。居民們是否可以因為建管機關沒有盡到把關責任，請求國家賠償？如果可以，要如何請求國家賠償？

◎「公務員違法執行職務責任」要符合什麼條件，才可以聲請國家賠償？

除了前面所談到的「公有公共設施責任」之外，第二種常見之國家賠償類型為「公務員違法執行職務之責任」。意思是說，公務人員在執行職務，行使公權力時，因為故意或過失，導致違法侵害人民的自由或權利時，國家應負損害賠償責任（國家賠償法第二條參照）。公務員違法執行職務責任之國賠類型，必須符合下列全部要件（缺一不可），才能請求：

表 10-2-1　公務員違法執行職務之責任的要件

編號	要件	說明
一	公務人員	例如：警察、消防隊員、稽查人員、稅務人員、老師等。
二	執行職務行使公權力	指公務員職務上之行為，而且是行使公權力之行為。例如：警察開罰單、逮捕嫌犯；環保稽查人員對亂丟垃圾的人開罰單；老師在課堂上課；消防隊員救火；建築主管機關核發建築執照等。
三	行為違反法令	公務員之行為是違背法令。
四	故意或過失	故意是指明明知道還去做，過失是指不小心。
五	人民之自由或權利受到損害	如身體受到傷害、死亡、金錢損失等。
六	公務員違法的行為與人民損害的發生有因果關係	就是依照一般客觀情形，有這樣的行為通常會產生這種損害，就有因果關係。如果沒有這樣的行為，必然不會產生這樣的損害，或者雖然有這樣的行為，但通常也不會產生這樣的損害。例如，警察逮捕壞人時，使用手槍不當導致流彈打到路人，這是有因果關係的。

◎警察打人或開槍打錯人，可否請求國家賠償？

公務人員因為執行公權力導致人民之權利受侵害者，最常見的就是警察在執行公務時所產生。例如，各種抗議場合，警察常與抗議民眾發生拉扯，用警棍打傷民眾；或警察在馬路上追逐歹徒，開槍後流彈打中路人。

針對警察使用武器造成民眾傷害之賠償程序，另有警械使用條例之規定。依據警械使用條例第十一條第二項規定：「警察人員

執行職務違反本條例使用警械規定，因而致人受傷、死亡或財產損失者，由各該級政府支付醫療費、慰撫金、補償金或喪葬費……。」因此，如是因警察違法使用警械而造成民眾傷亡或財產損失者，即應依據警械使用條例請求賠償。

◎林肯大郡倒塌案、東星大樓倒塌案是否可以請求國家賠償？

林肯大郡及東星大樓倒塌案之國賠責任所涉及的，都是公務員未切實依法審查而違法核發建築執照之問題：

㈠臺北東星大樓倒塌事件

坐落臺北市松山區八德路四段的「東星大樓」，於民國八十八年九月二十一日凌晨南投集集鎮發生規模七點三級之地震，而臺北市八德路四段於同一時間僅為四級之震度時，因房屋存有設計、結構及施工上之種種缺陷，致使房屋結構無法負荷房屋承重，而形成瞬間樑柱斷裂及樓板擠壓之情形，並進而使整棟大樓倒塌。經住戶提起國家賠償訴訟，法院判決臺北市工務局應該賠償住戶之損失。

法院判決臺北市政府工務局應賠償東星大樓住戶之主要理由是：

(1)臺北市政府工務局依據建築法，對於建築物結構審查及使用執照之核發行為，負有「實質審查」建築物結構安全之義務。也就是說工務局的公務員在審查建築物設計及勘查施工狀況時，

要實際上進行檢查，而非形式上看看該附的文件有無附上或虛應故事就好了。

(2)東星大樓建造執照申請之審查，未依法就該大樓之建築結構計算書，依當時建築法規之規定予以確實審查，對於結構計算明顯不足及對公共安全有重大危害，而會造成建築物倒塌災害之結構計算書，未盡其職務上之審查職責，任意予以審查通過，有過失之情況。

(3)前述原因造成東星大樓難以承受九二一地震時外來之水平推力而倒塌，造成嚴重傷亡，顯有因果關係。當年於建物之審查、勘驗之際，如工務局各該公務員有確實依法執行職務，依客觀觀察，以臺北市該次地震之震度而言，此慘劇應可避免。

(4)至於縱另有其他原因（如建商或銀行裝修之疏失）併生損害，亦無礙於相當因果關係之成立，此純係共同不法行為之問題。是故本件損害之發生與被告公務員違法執行職務之行為間具有因果關係（參見臺灣臺北地方法院九十年度重國字第一二號判決）。

㈡汐止林肯大郡倒塌事件

八十六年八月十八日溫妮颱風過境，其所挾帶之雨水滲入地下，「林肯大郡」西北側邊坡岩盤，因地下水壓力作用而引發邊坡南北縱深五十公尺、東西長度約一百四十公尺之地層滑動，使擋土牆、格樑及地錨因無法支撐岩體下滑力量而瞬間坍塌，致混凝土牆體併同大量泥石，衝向坐落於坡腳處緊臨擋土牆之「林肯大郡」第二、三區房舍，撞斷該建物一、二樓樑柱，部分房舍瞬間

傾倒，災情慘重，震驚全國。住戶生平所蓄購置坐落前開地區之房屋，或因結構體破壞，或因基地持續滑動，均已無法居住，購置房屋所為之支出及屋內一切花費，亦化為烏有。

法院判決臺北縣政府應賠償林肯大郡住戶之主要理由是：臺北縣政府所屬公務員對於「林肯大郡」建築執照之審查及發放等行為（作為或不作為），應認定有：

(1)主管機關怠於隨時抽查致業主變更原核准內容而大肆超挖。

(2)雜照變更設計未依法勒令停工又怠於確實會勘審核有無危害安全。

(3)不應雜項執照併建造執照核准。

(4)現場勘查未發覺地質鑽探不實而核發建照。

(5)完工查驗不確實，未詳對實地與圖面卻發給使用執照等缺失。這種違法之缺失情形與後來林肯大郡倒塌，造成住戶傷亡，有相當因果關係。而雖然林肯大郡之設計者、開發者等偷工減料，也是造成林肯大郡倒塌的原因，但這只是共同造成林肯大郡倒塌之原因，並不能說因為開發者及設計者偷工減料，就因此免除縣政府違法核發執照之責任。所以縣政府仍要負起國家賠償責任(參見臺灣板橋地方法院八十七年重國字第一號判決)。

由上可知，如果公務員在執行公權力時（例如，核發建築執照），因為故意或過失（不小心）違反法令規定，導致侵害人民之權利時，人民可以向該單位請求國家賠償。至於請求之對象乃該公務員所屬之行政機關。而請求之程序，與公有公共設施之責任

同，可參見前面的說明，不再贅述。

◎教師打學生，班長打阿兵哥，可否請求國家賠償？

除以上之案例之外，另一個公務員違法執行職務責任之類型是軍隊及學校管教的問題。

軍隊管教問題，長久以來，一直為國人所詬病。幾年前，立法委員因軍中管教及訓練常常出人命一事，在立法院院會質詢當時的國防部長。國防部長脫口而出：「臺灣哪個地方不死人」，也道出了長久以來的軍中管教問題。

實際上曾發生之案例為民國八十二年間，憲兵司令部某班長於擔任值星官時，因某阿兵哥脫隊而斥責該阿兵哥。阿兵哥不理會該班長，班長頓時發火，多次對於該阿兵哥拳打腳踢，導致該阿兵哥遍體鱗傷，後來因右側頭部外傷致腦膜出血，引起腦嚴重浮腫，不治死亡。後家屬要求賠償，協議不成，於是向法院提起民事訴訟。法院認定該阿兵哥之死亡，乃因班長執行管教職務時，不當體罰所致，而判決憲兵司令部應負國家賠償責任（參見臺灣高等法院八十四年度上國字第一八號判決）。

至於學校中常見之類似情形乃老師體罰學生（如打屁股、打手心）。以往臺灣社會對於老師相當敬重，學生如受老師體罰，家長多不以為意，認為理所當然，更不可能對老師提出訴訟或請求賠償。

但近來因法治觀念為一般民眾所認知，曾出現多起學生家長因小孩子被老師體罰而控告老師之案例。通常，在刑事責任部分

可能成立傷害罪，民事上則可能遭學生家長請求國家賠償。實際上曾有一案例，乃國民小學之啟智班學生因遭班導師以手指戳入眼睛，導致該學生視網膜破裂而失明。法院認為該所小學乃某縣政府主管教育行政機關依法令所設置，該名老師亦為該教育主管行政機關派任，對於該學生有教學、輔導、管教之權，其為依法令從事於公務之人員。而該學生在校上課時，遭老師體罰成傷，終於導致雙眼失明，則該老師係在執行教學管教等之公法上職務時，有侵害該學生身體或健康之行為。因此，學校應負起國家賠償之責任。

**參考法條**

國家賠償法第二條、第三條

三、聊天、喝茶、看報紙——公務員怠於執行職務的責任

　　八十一年間，臺北市民生東路發生駭人聽聞的「輻射屋」案件，許多住戶後來皆身罹怪病。而三年後，臺中市衛爾康餐廳發生大火造成數十人被火燒死的慘劇。這些造成民眾嚴重傷亡的慘劇，多起因於主管機關沒有定期檢查相關之建築物或場所之安全性。此種案例不勝枚舉，類似事件受害民眾是不是可以請求國家賠償？要向哪一個單位請求國家賠償？

◎公務員怠於執行職務責任的構成

　　公務員怠於執行職務之國家賠償責任，簡單說，就是公務員因為偷懶，沒有去執行職務，因而導致人民受有損害。例如，依法應定期檢查，但卻偷懶沒有去檢查。

　　此種類型的國家賠償責任之構成條件，與前述二、之六個要件相同（除了第三個要件外）。不同的是，這裡必須是「公務員依法令有某種義務必須去作，但卻沒有去作」。但也不是沒有去作，就一定構成國家賠償責任。這裡還必須是「依據法令之某個作為義務，該法令之目的本身，就是在保障特定人民之權利」。舉以下幾個例子說明：

　　1. 依據消防法令，消防單位有定期檢查各個營業場所是否符

合消防安全之責任。此項規定，本身就是在保障消費者到各個營業場所消費時，可以有一個安全的消費環境。例如，到 KTV 唱歌，卻發生火災，導致消費者受傷。如果因為消防單位對於該 KTV 公司根本沒有定期檢查其消防設施，才導致消費者受傷的話（例如，安全門沒有保持暢通，但消防單位卻因事前沒有定期檢查，未能即時發現這種違規的狀態），受傷的民眾是可以向相關單位請求賠償的。

2. 依據法令，警察應每日到某公園去巡邏，但某一天，值班警察因為去吃喜酒，所以沒有去。剛好當日有一名流浪漢在公園內閒晃，看見 A 小姐獨自一人背著大皮包，心生歹念，向 A 小姐行搶。A 小姐是否可以因為警察當天沒有去巡邏，導致有歹徒出沒、皮包被搶，而向警察局請求國家賠償？答案是「不可以」。因為警察巡邏公共場所只是單純維持治安，法令規定警察去巡邏，用意並非在保障某特定人的「安全」或「權利」。常到公園散步的民眾，可能因此受到「治安良好」的利益（反射利益），但相關規定之用意絕非在保障特定民眾之「安全」或「權利」。因此，這種情況不能請求國家賠償。

法律加油站

「反射利益」是指依據法令之規定，該法令之目的，並不是在給予特定人某種權利或利益，但是法令實施的結果，剛好使那個特定人獲得某種好處。

3. 但是，如果 A 小姐遭搶劫時，被歹徒砍傷，砍傷後請求警察救援，此時若警察未即時救援，造成 A 小姐更嚴重之傷亡後果，則此時，是可以請求國家賠償。因為依據警察法令之規定，警察有救災之義務，即災害發生後，有去救援之義務。此項規定之目的，原本就是在保障遭受傷害之人的生命財產權利，與前述巡邏、維持治安的規定不同。如果警察發現受災害之人，未予以協助，或者受請求幫助，而未給予協助，都是「怠於執行職務」，受災害之人如因此而產生更嚴重之後果，就可以請求國家賠償。

至於要向哪一個機關請求的問題，原則上，依據國家賠償法第九條之規定，應向負責該項事務之主管機關請求。例如前述警察經受傷民眾請求協助，而未予協助之情形。應向該管警察機關請求。而請求的流程，和其他類型之國家賠償程序相同，不再贅述。

◎民生別墅輻射屋案件

民國七十四年三月間，位於臺北市龍江路二五七巷「民生別墅」二樓的啟元牙科，向日生堂公司購買 X 光機乙部。公司的測試人員到場後，發現 X 光機在未通電之情況下，該室內竟有異常之輻射現象，而該異常輻射是來自建築物之牆壁本身。後來公司的測試人員向行政院原子能委員會（以下簡稱「原能會」）報告，經原能會派人檢測結果，證實輻射污染來自建築物本身，且啟元牙科及億昌公司間牆壁及牙科診療室、候診室之劑量已超過游離

輻射防護安全標準的規定,啟元牙科又屬民眾得進出的公共場所,但是原能會卻怠於執行其應執行的管制及防護改善職務,事先未就遭污染的輻射鋼筋加以管制,事後又未盡告知防護改善的義務,致住戶居民在不知情之下繼續居住於遭受輻射污染的建築物內,至八十一年間報紙報導才知道事實之嚴重,期間達七年之久,致住戶生理及心理之健康均因此遭受輻射傷害,乃於八十三年五月十三日向原能會提出國家賠償之請求。

後來,法院判決住戶勝訴。理由是:(臺灣高等法院八十七年度重上國字第一號判決參照)

1. 原能會於知道有輻射污染時,依法有劃設管制區加以管制並告知住戶之義務

民國七十四年間「民生別墅」發生輻射鋼筋污染事件時,所屬公務員已知該場所具有強烈的游離輻射,並已經知道原因是輻射鋼筋供作建築「民生別墅」的建物使用,那時就應依據相關規定對產生游離輻射暴露的來源加以管制,劃為輻射污染管制區,加以管制任意進出,並告知當地的居民。

2. 輻射物對於人體的影響嚴重,原能會應儘速採取必要措施,但卻沒有立即採取措施

原能會既然是原子能主管機關,掌理全國輻射安全事務,其所屬公務員於七十四年四月間已發現「民生別墅」的啟元牙科診所及億昌公司的牆內鋼筋受到強烈的輻射污染,且已追查得知使用鋼筋的建商,自應依據其職務義務,檢查同批鋼筋建造的「民生別墅」建物,並告知已測得超出前開標準所定劑量的住戶及居

民，以及將超過規定標準的地區劃為輻射污染的管制區等，而且因此時「民生別墅」的居民及出入民眾的生命、身體、健康正面臨緊迫危險，而此種對於居民可能造成的重大損害是原能會可預見並可加以防範的，原能會不能選擇不處理(裁量權即收縮至零)。也就是說，原能會必須立刻採取如前述的必要措施，否則即屬國家賠償法第二條第一項後段之「怠於執行職務」。

3.住戶之健康及心理受損害與原能會怠於告知有因果關係

住戶健康及心理上之損害，乃因原能會於七十四年間得知該「民生別墅」已有輻射鋼筋存在，並追查得知鋼筋之來源及用於建物使用，可得預知該「民生別墅」受有鋼筋輻射污染，卻怠於告知，致住戶們繼續長期在輻射屋內居住或活動，而受過度暴露而起，因此，此項損害與原能會怠於執行職務，有因果關係存在。

簡單地說，輻射屋案件是「公務員怠於執行職務」之類型。原能會於發現該社區有輻射污染的情形，依法應採取劃設管制區，並有告知住戶的責任，但竟然隱匿此等事實，而未依法採取措施，至七年後才由媒體報導得知，以致住戶們繼續長期在輻射屋內居住或活動，造成住戶身心健康遭受極大的傷害，法院判決原能會應賠償住戶損失。

◎衛爾康大火案

臺中衛爾康西餐廳，於七十八年間未經商業登記擅自開幕時，其一、二樓使用易燃材料裝潢，且逃生通道分別以磚牆及金屬浪板封死，又沒有完善的消防設施，已有嚴重違規營業情形。臺中

市政府所屬之建設局，竟然於該餐廳七十九年十月補行申請營利事業登記時，昧於該餐廳二樓違規營業的事實，准該餐廳以一樓為其營業範圍作商業登記，嗣該餐廳更違法擴大營業面積兼營KTV至同路段五十四號、五十六號一、二、三樓，然而整棟建物除大門外別無逃生口，防火、消防設備又不符法定標準。於八十四年二月十五日晚間，因該餐廳一樓吧臺瓦斯爐及其管線使用、配置不當，發生氣爆引起大火，員工顧客因無充分之消防、避難工具，又無逃生門，最後造成六十四人死亡，十餘人輕重傷。

法院判決臺中市政府應賠償罹難者的理由是：（臺灣臺中地方法院八十六年度重國字第三號判決參照）

1.消防警察隊依法令應定期檢查衛爾康餐廳，但消防警察隊發現缺失後，卻未通知改善

依內政部七十八年九月十五日臺內警字第七四五四一八號令發布「消防安全設備檢查獎懲辦法」第四條規定，消防責任區消防警察隊員對甲類場所應每月檢查一至二次，且依該辦法規定檢查結果應記載於「消防安全設備檢查紀錄卡」及「消防安全檢查紀錄簿」，其不合規定者，另填具改善通知，通知限期改善。於八十年二月四日檢查，結果為「隔間裝潢非防火建材」外，即未再行檢查，後來經前往檢查後，雖認定其消防避難設施不合格，逃生出入口僅有一處，二樓違規營業等缺失，卻未立即通報有關機關處理。

2. 消防法令之目的在事前預防以保障民眾生命、身體及財
   產之安全，如果當時消防警察隊通知改善，發生火災民眾
   當可安全逃離，不致於造成如此嚴重之傷亡，此顯與消防
   警察隊未按時通知改善有因果關係

　　建築法及消防法立法之目的，乃在於預防火災之發生於前，
火災發生時，避免災害之擴大於後。各相關法規之立法意旨，均
在宣示維護公共安全，避免人民因此遭受身體、生命、財產之損
害。而公務員的怠於執行職務，與損害之發生，其間有無相當因
果關係，應以倘若發生火災的情狀之下，於發生時的當時情狀，
依一般人所認識之事實為基礎為判斷的依據。衛爾康西餐廳員工
疏失造成火災固為損害發生之原因，然造成有六十四人死亡之結
果，卻係因餐廳內部違反規定，使用易燃材料裝潢，未設置二處
以上逃生出入口，於都市計畫住宅區內營業面積超過三百平方公
尺，違規擴大營業範圍及於二樓以上，將廚房之爐具設備置於逃
生出口處，二樓安全玻璃未置逃生出口而致。否則縱然發生火災，
然倘若衛爾康西餐廳已使用非易燃材料、未堵住逃生出口處，並
於二樓安全玻璃置逃生出口處，則依一般經驗法則判斷，當可降
低損害之發生，而不致發生如本件六十四人死亡之結果。

　　換言之，消防警察隊依法令有定期檢查營業場所消防設備之
義務，如果發現不合格應限期改善。但是在衛爾康案中，卻未通
知限期改善。如此導致火災發生後，一發不可收拾，造成六十四
人死亡之慘劇。而依消防法令，消防警察隊應定期檢查營業場所
之消防設備安全，如發現不合規定，應通知限期改善。但本案中，

消防警察隊並沒有通知限期改善，終至火災發生，造成嚴重之傷亡，而此嚴重之傷亡結果，與消防警察隊未確實通知改善，重新再檢查，有相當因果關係。

◎主管機關沒有依據都市計畫開闢道路，導致地價下跌，地主可不可以請求國家賠償？

另一種常見之情形是某一地段因為都市計畫列為道路用地，沿線民眾期盼道路開通，其土地價格必然翻身大漲，但主管機關遲遲未開闢道路，造成地價下跌。民眾是否可以主張因主管機關怠於執行都市計畫，以致於土地價格下跌，而請求賠償損失？

答案是「不可以」。因為都市計畫之頒布或變更，一般均認為只是授權主管機關可以依照都市計畫去實施，都市計畫內將某個地段劃為道路，可能使旁邊緊鄰之土地地價因此上揚，但緊鄰之土地地價上揚，並不是都市計畫本身之目的，這頂多只是那個地主剛好因此獲得地價上揚的利益，也就是前面所說的「反射利益」。因此，這種情況是無法請求國家賠償的。

**參考法條**

國家賠償法第二條、第九條

四、拖吊業者將汽車刮壞，或保管不慎將汽車弄丟，車主可以請求國家賠償嗎？

志成某日將車子停在路邊，因為趕時間，沒有注意是黃線，半小時後，竟發現車子被拖走。志成無奈，到了汽車拖吊場準備將車領回，竟發現車子的擋風玻璃破掉。志成可否向有關單位對於造成車輛的損害，要求國家賠償？

志成的朋友小亦，情況更慘，違規停車後，車子被拖走。隔日要前往領取車輛時，竟發現車子不見了，小亦是不是也可以向有關單位請求國家賠償？

◎地方政府委託民間拖吊業者執行違規拖吊業務

臺灣地區地狹人稠，尤其是大臺北地區居住了全臺灣近四分之一的人口。連帶的，大臺北地區的停車問題也相當嚴重，也存在了很多「違規」停車的問題。地方政府礙於人力不足，近來都將拖吊業務委託民間拖吊業者執行。隨之而來的問題是，如果，這些拖吊業者在拖吊的時候，損壞了車輛，或者，拖吊全保管場地時，不慎將車子弄丟了，地方政府是否該負起國家賠償責任呢？

◎業者在執行拖吊任務時，將汽車擋風玻璃打破，車主可否請求國家賠償？

依據道路交通管理處罰條例第五十六條規定：「汽車駕駛人停

車時，有左列情形之一者，處新臺幣六百元以上一千二百元以下罰鍰：……四、在設有禁止停車標誌、標線之處所停車者。……前項情形，交通勤務警察或依法令執行交通稽查任務人員，應責令汽車駕駛人將車移置適當處所；如汽車駕駛人不予移置或不在車內時，得由該交通勤務警察或依法令執行交通稽查任務人員為之，或得於舉發其違規後，使用民間拖吊車拖離之，並收取移置費。」這一個條文就是警察執行違規拖吊之法令依據。

依據前面所講的條文，拖吊任務一般可以分成兩個階段：第一個階段是將汽車吊離違規停放之地點，一般稱為「拖吊措施」。第二個階段是將拖吊之汽車置於某一處所暫時保管，一般稱為「保管措施」。

「拖吊措施」實際上是一種「行政強制執行」，是典型的「公權力」行使行為（臺灣板橋地方法院八十七年度板簡字第六一七號判決參照）。原則上，公權力行為要由行政機關來作。如果，行政機關委由私人或私人團體去作，發生問題時，行政機關是否可以說，因為這不是公務員之行為，所以就不用負國家賠償責任？

還是要的。依據國家賠償法第四條第一項規定：「受委託行使公權力之團體，其執行職務之人於行使公權力時，視同委託機關之公務員。受委託行使公權力之個人，於執行職務行使公權力時亦同。」也就是說，民間拖吊業者是受各地方政府委託，執行拖吊業務，在法律上將被當成是地方政府之公務員，如果在執行拖吊業務時損壞了車子，是必須由地方政府負責賠償的。

因此，志成的汽車在拖吊的過程中，拖吊業者被當成是委託

機關（即地方政府）之公務員。如果拖吊業者因為故意或過失，造成汽車損壞，地方政府還是必須擔負起國家賠償責任的。

◎保管場不慎將車主之汽車弄丟，車主可否請求國家賠償？

小亦的情形，與前面所講的不太一樣。小亦的情形是車子被拖吊到保管場之後，因為保管場不慎將車子弄丟。這是屬於前述第二階段之「保管行為」所產生的責任。

這種「保管行為」在法律上被定性為一種「公法上之寄託關係」。然而因為此種寄託關係是伴隨著前一階段的「拖吊措施」而來，一般也認為是一種公權力之行為。因此如果車子因為保管場人員不慎弄丟，仍有國家賠償責任之適用。

◎小　結

在汽車拖吊之過程中，無論是拖吊時，或者是在保管場，只要是執行拖吊或保管之人員不慎將汽車損壞或保管不慎遺失，民眾都可以向主管機關請求國家賠償。

請求之程序以圖說明如下：

知道有損害發生之日起二年內向主管單位（一般是縣市政府）書面請求賠償。

達成協議（結案）

一、書面請求後三十日內未開始協議。
二、開始協議後六十日內未協議完成。

向機關所在地民事法院起訴

圖 10-4-1　汽車拖吊過程受損的國家賠償請求程序

參考法條

國家賠償法第二條、第四條、第九條

第 **11** 章

地方自治篇

一、里長延選案

　　某市因轄區內各「里」正在進行轄區調整規劃，於是市政府決定將原來擬在年底要進行的里長改選，延至明年才辦理，以免新任里長選出來後，又要調整轄區造成困擾。

　　某市政府於是發函內政部報備此案，內政部認為此舉乃屬違法，遂報請行政院撤銷某市的「里長延選」決定。某市政府不服，有理嗎？要如何救濟？

◎「萬年」里長？

　　民主政治的基本原則之一，就是民意代表及民選首長的「任期制」。定期改選讓民意可以適時的更新，讓民意代表及民選首長與最新的民意相符合。任期等於是民眾與國家間的政治契約，契約到期就應該終止，另外再訂定新的契約。除非有特殊的事故，否則不能有萬年的民意代表或萬年的行政首長。

　　國民政府撤退到臺灣後，在民國四十三年，當時就曾發生立法委員及監察委員任期屆滿，但因無法對於大陸地區實施有效統治，而無法舉行全國性（包含臺灣地區及大陸地區）的大選，相關單位即發函聲請大法官解釋如何辦理。大法官作出解釋認為，依據憲法第六十五條規定，立法委員的任期為三年；第九十三條規定，監察委員的任期為六年。他們的任期本來應該從就職之日起至屆滿憲法所定的期限為止，但因為適逢國家發生重大變故，

事實上不能依法辦理次屆選舉時，若聽任立法、監察兩院職權的行使陷於停頓，則顯與憲法樹立五院制度的本旨相違背。所以，大法官作成「在第二屆委員，未能依法選出集會與召集以前，自應仍由第一屆立法委員，監察委員繼續行使其職權」的解釋（司法院大法官釋字第三十一號解釋），造成所謂的「萬年國會」的奇特現象。

「萬年國會」在解嚴後一連串的社會運動中遭受到強烈的質疑。大法官在民國七十九年間作出解釋，回應了當時的社會改革要求。大法官認為，為了適應當前情勢，第一屆未定期改選的老國代，除事實上已不能行使職權或經常不行使職權者，應即查明解職外，其餘的應該在民國八十年十二月三十一日以前終止行使職權，並適時辦理全國性之次屆中央民意代表選舉，以確保憲政體制的運作，而正式終結「萬年國會」的神話（大法官釋字第二六一號參照）。

而最近的例子則是民國八十八年間的修憲案。當時在增修條文第一條及第四條規定，將第三屆國民大會代表及第四屆立法委員任期分別延長兩年又四十二天以及五個月。經由大法官解釋，認為依據國民主權原則，民意代表的權限，應該直接源自國民的授權，所以代議民主的正當性，在於民意代表行使選民賦予的職權須遵守與選民約定，任期屆滿，除有不能改選的正當理由外，應即改選，否則將失其代表性。並再度重申釋字第二六一號解釋「民意代表之定期改選，為反映民意，貫徹民主憲政之途徑」之意旨。而所謂不能改選的正當理由，則重申須與釋字第三十一號

解釋所指的「國家發生重大變故，事實上不能依法辦理次屆選舉」的情形相當才算。大法官最後認定這種延任的規定，違背民主制度的本旨，不生效力。

◎里長在什麼情形下可以「延選」？

延續著同樣的脈絡，在地方制度法中也規定，如里長任期屆滿應改選時，因特殊事故，得延期辦理改選（地方制度法第八十三條第一項參照）。

所謂「特殊事故」指的是什麼？某市因行政區調整而延後選舉，算不算是「特殊事故」呢？「特殊事故」與先前大法官解釋所提到的「重大變故」，是不是一樣呢？

大法官認為，地方制度法第八十三條第一項所謂「特殊事故」，得延期辦理改選或補選，在概念上無法以固定的事故項目加以涵蓋，而是泛指不能預先知道的非尋常事故，以致不克按法定日期改選或補選，或者，如期辦理有事實足認將造成不正確的結果或發生立即嚴重的後果，或者將產生與實現地方自治的合理及必要的行政目的不符等情形。而且特殊事故不以影響及於全國或某一縣市全部轄區為限，也就是只要在特定選區存在的特殊事故如符合比例原則之考量時，都屬於這種狀況（司法院大法官釋字第五五三號解釋參照）。

因此，案例中某市因為行政區域調整（里別的調整）而延期選舉，似乎就不是這裡所說的「特殊事故」。因為，一來，里別調整並不是無法預先知道的，為什麼早不調整，晚不調整，偏偏要

改選之前才要推動調整；二來，如期改選，對於調整行政區域（里
別調整，合併或分割）來說，也不會產生什麼選舉不正確的結果，
或者什麼立即嚴重的後果。

◎中央可以插手地方自治團體的選舉事務嗎？

　　內政部是監督地方自治事項的主管單位，聽聞某市竟然藉此
理由延後里長選舉，認為有違民主制度的精神以及地方制度法的
規定，於是依據地方制度法第七十五條第二項之規定（直轄市政
府辦理自治事項違背憲法、法律或基於法律授權之法規者，由中
央各該主管機關報行政院予以撤銷、變更、廢止或停止執行），報
請行政院撤銷某市政府的延選決定。

　　問題是，屬於中央層級的行政院是不是可以干涉這種地方政
府的事務呢？這樣做是不是不尊重地方呢？是不是違反憲法保障
地方制度的意旨呢？

　　大法官認為針對地方政府的行為，縱使是所謂「地方自治事
項」，中央仍然可以監督地方是不是有違法的情形而予以糾正，一
般稱為「適法性監督」。

　　上級監督機關為適法性監督之際，固然應該盡量尊重地方自
治團體所作的判斷，但是如果地方政府的判斷，有恣意濫用及其
他違法情事，上級監督機關還是可以依法予以撤銷或變更。中央
對於這種類似案件的審查方式，有以下幾點可以參考：

　　　1. 依據事件的性質決定，如果涉及科技、環保、醫藥、能力
　　　　或學識測驗等相當專業的判斷的時候，對於地方政府原來

之判斷所作出的決定應該尊重。但是如果這種判斷涉及人民基本權的限制時，自然應該採較高標準的審查方式。例如，興建焚化垃圾場，地方政府依據當地之環境影響評估報告而決定選擇廠址，因為涉及專業的環保判斷，中央應該尊重。

2. 地方政府判斷的決策過程，是由該機關首長單獨為之，還是由專業及獨立行使職權之成員合議機構所作成，應予以考量。如果是委員會的委員多數決定而作成者，相較於機關首長獨自作成者，應該更加尊重。

3. 地方政府有無應該遵守之法律程序？決策過程是否踐行？

4. 法律概念涉及事實關係時，在地方政府適用法律的過程有無發生錯誤？

5. 對法律概念的解釋，地方政府有無明顯違背解釋法則或牴觸既存之上位規範，例如牴觸憲法的民主原則，或所謂「重大變故」原則。

6. 地方政府是否尚有其他重要事項漏未斟酌。

7. 就本案例里長之選舉，固然有例外情事的設計，例如地方制度法第五十九條第二項之遴聘規定。但是里長依據正常程序產生，仍然不排除憲法民主政治基本原則的適用，在解釋是不是符合「特殊事故」而得延辦選舉，對此也應一併考量，才能調和民主政治與保障地方自治間之關係（司法院大法官釋字第五五三號解釋參照）。

所以說，縱使是地方自治的事項，中央還是可以針對地方政

府在辦理的時候是不是有違法的地方，是不是有侵害到轄區內住民的權利等等的事項，加以判斷。只是要依據上面的標準來判斷介入的程度而已。

◎地方自治團體不服中央機關的決定，可以提出行政爭訟嗎？

　　針對地方政府接獲中央的撤銷命令時，如果認為中央的撤銷決定根本違法，是不是可以提出救濟？如果可以的話，又該如何提出救濟呢？

　　地方政府對於上級政府的決定可不可以以訴願及行政訴訟的方式尋求救濟，是一個由來已久的問題。早期由於訴願法並無行政機關也可以對於另一個行政機關的處分提出訴願的規定，不過，司法院三十四年院解字第二九九〇號解釋則認為，如果是地方自治團體對於上級政府之行政處分有所不服的話，還是可以比照人民提出訴願。

　　而新訴願法第一條第二項已經明文承認，各級地方自治團體對於上級監督機關之行政處分，認為有違法或不當，而侵害自治團體之權利或利益的，也可以提出訴願。

　　案例中的某市政府對於行政院依地方制度法第七十五條第二項撤銷其延選決定有所不服的話，是可以向行政院提出訴願的。因為，行政院撤銷某市政府延期辦理里長選舉之行為，是中央主管機關認有違法情事而干預地方自治團體自治權的行使，涉及中央法規適用在地方自治事項時具體個案的事實認定、法律解釋，

屬於有法效性的意思表示，是屬於所謂的「行政處分」，並非行政機關相互間不具有「法效性」的意見交換或上級機關對下級機關的「抽象的」職務上命令（司法院大法官釋字第五五三號解釋參照）。

相關流程可以圖示如下：

圖 11-1-1　地方政府不服中央之行政處分的救濟方式

地方制度法第七十五條、第八十三條、訴願法第一條第二項

二、中央請客，地方買單？

　　某市在年度預算審查時，認為所編列的健保費預算，有「中央請客，地方買單」之嫌，於是拒絕將健保費上繳中央。某市認為全民健康保險法既然是中央立法，又是中央政府推行的福利措施，理當由中央負擔全部之健保費，為何還要求地方政府一起負擔。某市之主張有理由嗎？

◎推行「全民健康保險制度」的憲法依據

　　國家的萬般施政，並非要作什麼，就可以作什麼。要作什麼事，總得有個依據。

　　而全民健保制度一般認為實施的依據是憲法第一百五十五條、第一百五十七條及增修條文第十條之規定。「國家」為謀社會福利，應實施社會保險制度；「國家」為增進民族健康，應普遍推行衛生保健事業及公醫制度；「國家」應推行全民健康保險及「國家」應重視社會救助、福利服務、國民就業、社會保險及醫療保健等社會福利工作，對於社會救助和國民就業等救濟性支出應優先編列。

　　問題是，這裡所講的「國家」是指中央或地方呢？

◎「國家」指的是中央或地方？

　　憲法條文中所講的「國家」指的是中央或地方，不可一概而

論，應該看條文的義涵而判斷。

這裡的憲法條文所講的「國家」，指的包含中央與地方。

怎麼說呢？在憲法第十四章及增修條文第十條所規定的，一般稱為「基本國策條款」。基本國策條款是指導國家政策及整體國家發展的方針，不只是中央受到規範，地方政府也受到規範。

因為憲法第一百五十五條所講的，國家為了謀求社會的福利，應該實施社會保險制度，也就是說，實施社會保險制度作為謀求社會福利的主要手段。而社會福利之事項，是國家實現人民享有人性尊嚴生活所應盡的照顧義務，除了中央外，與居民生活關係更為密切的地方自治團體自然也應該共同負擔（依據地方制度法第十八條第三款第一目也將社會福利事項列為地方的自治事項）。因此，地方自治團體對於攸關社會安全的基本國策的實現，是有協助義務的，不能說與地方自治團體完全無關。因此，國家推行全民健康保險之義務，是兼指中央與地方而言（司法院大法官釋字第五五〇號解釋參照）。

◎執行全民健康保險法是誰的責任？中央或地方？

全民健康保險法是我國憲法第一百零八條第一項第十二款所定之「社會立法」事項。依據該條規定，這種「社會立法事項」是由中央立法並執行，或交由地方執行。也就是說，地方至少有執行這種社會立法事項（例如全民健康保險法）的義務。

而且，依據憲法第一百零九條第一項第一款、第十一款暨第一百十條第一項第一款、第十款，各地方自治團體也有辦理衛生、

慈善公益事項等照顧其行政區域內居民生活的責任，這些義務並不因全民健康保險之實施而免除，但是其中部分也可以經由執行全民健康保險法而獲得實現（大法官釋字第五五〇號解釋參照）。

　　基於這兩項理由，全民健康保險法的執行應屬於中央及地方共同執行辦理的事項。

◎誰來負擔健保費？中央或地方？合理嗎？

　　執行健保制度的費用，由誰負擔呢？或許，許多人都感到不解，這健保費由中央或地方政府補助分擔，有什麼差別，不都一樣嗎？為什麼爭的這麼厲害？

　　原則上，關於費用分擔之原則是依據各該法律本身的規定，如果沒有規定，才以自治事項或委辦事項為區分標準。如為地方自己的「自治事項」，就由地方自行負擔費用，如為中央委託地方辦理的「委辦事項」，則由中央負擔經費（財政收支劃分法第三十七條第一項及地方制度法第七十條第一項及第三項）。

　　由於全民健保法的執行為中央及地方共同辦理之事項，且地方執行全民健保法的同時，也同時執行了衛生、慈善公益事項等照顧其行政區域內居民生活的任務，因此，原本就應該要共同分擔才合理。更何況，法律已經規定由中央及地方共同負擔，則應該就以法律本身的規定為準，而不再區分是自治事項或委辦事項而有所不同。

　　所以，全民健康保險法所規定的各級政府補助各類被保險人保險費的比例，屬立法裁量事項，除非顯然不當的情形以外，並

沒有違反憲法。

◎建立「地方參與」的制度

　　唯一美中不足的是，當初在全民健康保險法立法的過程當中，地方政府參與決策過程的機會較為不足，尤其是地方政府應該分擔多少比例的費用，是地方政府最斤斤計較的，理論上應該讓地方充分表示意見。

　　因為地方自治團體的地位受到憲法的保障，其施政所需的經費負擔，涉及財政自主權之事項，固然在不侵害其自主權核心領域之限度內，基於國家整體施政需要，中央依據法律使地方分擔保險費的補助，並非憲法所禁止。所謂「核心領域」之侵害，指的是中央不得侵害地方自治團體自主權的本質內容，而致地方自治團體的制度保障淪為虛化。例如，中央代替地方編製預算（這會侵害地方的財政權）或將與地方政府職掌全然無關之外交、國防等事務之經費支出（這是屬於中央的權限），規定由地方負擔等等情形。但是，如果是共同辦理的事項，或者依法有互為協助義務的事項，或由地方自治團體分擔經費符合事物的本質的話，就不能說是中央侵害財政自主權之核心領域。

　　所以，法律的實施如果需要由地方政府負擔經費的話，在制定過程中，應該也要給地方政府充分的參與，以利維繫地方自治團體自我負責之機制。立法過程中，應與地方政府協商，並視對其財政影響程度，賦予適當的參與地位，以避免有片面決策可能，而造成不合理情形。

參考法條

憲法第一百零八條、第一百零九條、第一百十條、第一百五十五條、第一百五十七條、增修條文第十條、財政收支劃分法第三十七條、地方制度法第七十條、全民健康保險法第二十七條

第 **12** 章

土地建築篇

土地建築篇

一、撤銷土地徵收，返還徵收補償金要加計利息嗎？

　　阿廷在臺北市擁有土地一塊，屬都市計畫劃設的「工程用地」範圍，經臺北市政府於八十二年間徵收在案。後來臺北市政府認為該地並無徵收之必要，依據「撤銷土地徵收作業規定」，於九十二年間撤銷徵收，並函請阿廷於九十三年一月十日前，向工務局會計室繳清應繳回之補償價款及「利息」，並告知逾期未繳清，將不發還前開土地，仍維持登記為公有土地。

　　但阿廷認為事隔十年，臺北市政府平白使用該土地十年，如要計算十年的利息，照理說，他也要向市政府主張給付十年的地租，才算公平。於是阿廷拒繳利息，阿廷要怎麼辦才能拿回土地？

◎政府要徵收土地，被徵收者可以拒絕嗎？

　　依據土地徵收條例的規定，政府在國家公益的考量下，興辦各種公共事業，可以依法徵收人民的私有土地，民眾是不能拒絕的（該條例第三條參照）。

◎撤銷土地徵收，民眾返還補償金要加計利息嗎？

　　政府單位在徵收私人土地之後，如果因為後來種種原因而沒有使用該土地的必要的話，是可以撤銷徵收，並且通知原土地所有權人返還補償金，而政府單位則將土地發還。但原土地所有權

人可以選擇歸還補償金，領回土地；或者，不領回土地，選擇保有補償金。政府單位不可以強迫人民一定要選擇哪一種。

撤銷徵收的程序，一般而言，是由需用地機關向中央主管機關（也就是內政部）申請核准。需用地機關在內政部核准之後，應該公告三十天，並且通知原土地所有權人在一定期間內（不少於六個月）繳清應繳回的徵收價額，發還原有土地。如果沒有在一定期間內繳清應繳回的徵收價額的話，就不予發還，仍維持原登記，原來的土地所有權人將來並且不可以再申請返還該土地（土地徵收條例第五十一條第二項）。相關圖示如下：

圖 12-1-1　撤銷徵收領回土地流程

問題是，如果選擇歸還補償金，領回土地的，需要「連本帶利」一併歸還嗎？土地徵收條例本身並沒有規定。

照理說，歸還補償金以領回土地應該不用加計利息。因為，土地所有權人在土地被徵收的這段期間，並沒有土地利潤的收益。補償金縱使放在銀行生利息，也算是土地利潤的補償。如果歸還補償金還要算利息，那土地所有權人是不是要向需用地機關請求給付地租呢？

在民國八十八年間公布的土地徵收法令補充規定第十條第五

項已經明文規定:「撤銷徵收發還土地應退回之補償費,不加計利息。」

　　因此,需用地機關要求返還補償金的時候,不能加計利息。

◎撤銷徵收後,主管機關不發還土地,如何救濟?

　　如果需用地機關因阿廷不繳交利息而拒絕發還土地的話,阿廷可以以需用地機關為被告,提起「給付訴訟」,要求需用地機關應將系爭土地移轉登記為阿廷所有並交付土地(行政訴訟法第八條參照),毋庸先經過訴願程序。

參考法條

　　土地徵收條例第三條、第五十一條、行政訴訟法第八條、土地徵收法令補充規定第十條

二、違章建築要拆？不拆？

小呂家中有三棟房屋，但因早期建築時都未申請執照，被列為違章建築。其中，中山路一號的房屋民國四十年建造，中山路二號的房屋民國五十年建造，中山路三號的房屋民國六十年建造。

某日縣政府人員前往勘察，發現中山路一號房屋為重新建造的房屋，與當初登記的材質大不相同；中山路二號的房屋頂樓有增建一層，乃當初沒有登記的；中山路三號的房屋，旁邊出現二層樓高的建築物，也是當初登記所沒有的。於是，縣政府發函要求小呂將上開違建部分拆除，小呂不服，如何救濟？

◎違章建築是什麼？

很多人都以為所謂「違章建築」指的是「鐵皮屋」。如果是磚造、RC 構造等，就不是「違章建築」。這可不一定，在法律的定義上，違章建築，簡單說，就是沒有經過建管機關核准，就擅自「建造」的房屋，不論使用的材質是什麼。

依據建築法的規定，建築物非經申請直轄市、縣（市）（局）主管建築機關之審查許可，並且發給執照，不得擅自「建造」（第二十五條參照）。如果有這種情形的話，主管機關可以將這種建築物拆除（第八十六條第一款）。

所謂「建造」，並不以從無到有的這種「新建」為限，包含重建、整修等情形，都算是「建造」。依據建築法第九條規定的「建

造」行為，有下列四種情形，都必須要事先申請執照，否則就成了違建：

1. 新建：就是新建造的建築物或將原建築物全部拆除而重新建築的。
2. 增建：意思是在原建築物增加其面積或高度的。但如果是以過廊與原建築物連接的，就當成為新建。例如，在原來的建築物旁邊增加建築面積，並以走廊連接原來的建築物。
3. 改建：是指將建築物之一部分拆除，在原建築基地範圍內改造，而不增高或擴大面積的。
4. 修建：建築物之基礎、樑柱、承重牆壁、樓地板、屋架或屋頂，其中任何一種有過半之修理或變更的。

◎違章建築拆除的法令規定依據

依據建築法第八十六條規定，如果未按規定申請建築執照而擅自建造的，主管機關可以強制拆除。

因此，當建築物客觀上存有上述四種情形，而該建築物本身沒有資料可以證明曾向主管機關申請「建造」（包含新建、增建、改建及修建）的，就構成了建築法第八十六條第一款所稱的「擅自建造」行為，主管機關得強制拆除其建築物，違章建物所有權人有忍受之義務，不可以拒絕。

◎什麼樣的違章建築要拆？什麼樣的不用拆？

臺灣地區因為地狹人稠，違章建築非常多，最常見的就是「頂

樓加蓋」的情形，建管機關可說是拆不勝拆，拆不完。於是就區
分了舊違建及新違建，新違建即報即拆，而舊違建則緩拆。

　　而新舊的區分時點，是依據五十三年九月二十四日內政部發
布 (53) 臺內地字第一五三四四三號令修正發布的「違章建築處理
辦法」第四條及依該條條文經臺灣省政府發布的命令，規定的內
容是：民國四十七年二月十日以前已合法存在的房屋可以緩拆（參
閱行政法院六十年度判字第八五〇號判決意旨）。

　　但縱使是「舊違建」，也不是就有免死金牌，永遠不會被拆除。
很多人都以為舊違建就一定不會被拆，這是錯誤的觀念。

　　而事實上，縱使是合法的「舊違建」，只要是坐落在現已實施
都市計畫的地區，這個「舊違建」就應該受現行建築法的規範（建
築法第三條參照）。若在實施都市計畫以後，舊違建之所有權人，
另有重建、增建等「建造」行為，當然應受現行建築法的規範。

　　換言之，就算一棟建築物在都市計畫完成前已存在，但只要
該建築物持續存在至所坐落之土地納入都市計畫之時點以後，即
應受現行建築法之管制，剩下的問題僅在於，在現行建築法之規
範架構下，針對此等建築在都市計畫實施以前之建築物要進行如
何定其屬性及加以控管而已（很多人誤以為興建在實施都市計畫
以前之建築物，即可完全不受建築法之控管）。

　　而依據違章建築處理辦法第十二條規定，「舊違章建築」在未
依規定拆除或整理前，得准予修繕，但不得新建、增建、改建、
修建。也就是說，如果舊違建在超出「修繕」的範圍之外，構成
新建、增建、改建、修建等行為，主管機關還是可以即刻報拆，

不受緩拆之限制。

　　依據題示的情形，中山路一號的房屋，外觀與使用之材質與民國四十年當時之登記資料上的木造材質，大不相同，判斷為後來才拆掉重建的，即前面講的「新建」。雖然是民國四十七年以前興建的「舊違建」，但現狀已非當時的木造架構，顯然已經超過單純「修繕」的狀況，而是不折不扣的「新建」，依法當然不可以。因此，中山路一號的房屋已經算是「新違建」了，可以即報即拆。

　　中山路二號的房屋則是在頂樓加蓋，這是很常見的違建情形之一。建築物的外觀已經增加高度，算是前面所說的「增建」，依法也不可以，因為這已經算是一個新的「違建」了。

　　中山路三號的情形，則是在緊鄰原來房屋的旁邊，出現了二層樓的建築，高度及面積都有增加，已經算是「增建」，依法也算是「違建」。

◎不服縣政府的拆除處分，如何救濟？

　　違章建築一經認定之後，縣政府將會發出「違章建築拆除通知單」。通知單上會載明下列事項：

1. 違建地點：××市中山路一號右邊。

2. 違章類別：增建。

3. 違章材料、高度、面積：金屬造、二層約六公尺、約一二〇平方公尺。

4. 右列違章建築經勘查，依法不得補辦建造執照手續，應執行拆除。

　　如果民眾接獲此種通知拆除之行政處分，認為通知單上之認定有誤的話，依法可以提出訴願及行政訴訟。相關流程可以圖示如下：

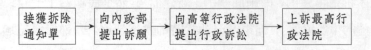

圖 12-2-1　不服拆除處分的救濟流程

　　建築法第九條、第二十五條、第八十六條、違章建築處理辦法第十二條

第**13**章

結　語

恭喜你，看到這邊，相信你已經讀完了這本書。這時候，你應該已經可以大聲地向這個國家「宣戰」了。

　　回顧生活周遭，我們常常會和公家機關打交道，有沒有發現，大多數的人通常都是碰得一鼻子灰。為什麼？因為大家都不太懂法律，但是行政機關的大小官員，偏偏每個人都懂法律，利用這些法律來欺負你。切記！法律是保護懂得用「它」的人。

　　也因為這樣，我們老是被這些行政官員唬得一楞一楞的，大多數的人常常是鼻子摸摸就算了。唉，就算是倒楣，花錢消災吧！

　　真的算了嗎？你應該可以更積極一點。尤其，當這些公文書上寫的實在沒道理的時候，千萬不能默默接受，而要勇於去挑戰它。

　　試著了解我們的法律，試著了解這些「公文書」，試著去知道上面寫的是「瞎米碗糕」。不要再把它揉成一團丟掉了。而且，記得要看清楚每一個字，因為每一個字都影響著你的權益。

　　「和國家打官司」不難吧！不過，因為前面所講的每個案例的事實，只是常見的參考案例，詳細的情況與事實，可能都不太一樣。當你真的沒有把握該怎麼做的時候，還是得請教專業的律師，你的權利才不會受到影響喔！

生活法律防身術　莊守禮／著

　　本書作者以從事法律服務及執業多年之經驗，彙整出生活中常見的法律問題，告訴您：當個快樂的債權人所必須注意的事項；和他人有票據往來時，怎樣保障自己的權利？結婚、離婚、收養、繼承要如何辦理才能於法有據？擔任保證人、參加合會及處理車禍事件等等，應遵循什麼基本原則？認識法律其實並不難，只要多一點用心，就能逢凶化吉，甚至防患於未然。

獵殺隱私時代──10個讓你失去隱私的理由
錢世傑／著

　　本書選擇了金融控股公司客戶資料處理、企業內部網路監控、垃圾電子郵件等十則熱門的議題，以輕鬆的筆調為您說明什麼是隱私權，您的隱私權在什麼情形下會受到侵害，以及在面臨這些侵害時要如何確保您自身的權益。

房屋租賃　莊守禮／著

　　身為房東，你是不是害怕碰上惡房客？而身為租屋者，你又如何保障自己的權益呢？本書是以淺顯的陳述方式與豐富的內容，為沒正式學過法律的房東及房客編寫而成。生活化、口語化的用詞，針對房屋租賃的種種法律問題，提供了案例解說及解決之道。讓房東及房客們具備趨吉避凶的能力，藉此消弭社會上因租賃關係所生的各種糾紛。